LE IODELET, OV LE M. VALET.

COMEDIE DE MONSIEVR SCARRON.

I0832233

A ROVEN, Et se vend
A PARIS,
Chez GVILLAVME DE LVYNE,
Libraire Iuré, au Palais, en la Gallerie
des Merciers, à la Iustice.

M. DC. LXIV.

Yf 7528

A MONSIEVR LE COMMANDEVR DE SOVVRE'.

ONSIEVR,

Il faudroit que ie fusse aussi ingrat que malade, si ie ne vous dédiois pas ma Comedie, & aussi fou qu'ingrat si ie pretendois en vous la dédiant me dégager assez

enuers vous des obligations que ie vous ay ; ie vous paye seulement vne petite partie d'vne debte dont ie ne me pourray jamais acquiter, ou plûtost ie vous donne vne chose en laquelle vous auez déja grande part, puis que ie n'ay pû faire ma Comedie, que lors que mes maux m'ont donné quelque relâche, & que c'est vous qui me les auez rendus plus supportables qu'ils n'estoient, en me faisant toûjours l'honneur de m'aymer tout malheureux que ie suis, & ce bonheur là dont ie ne puis trouuer en moy la cause, mais seulement en vostre generosité, me console si bien, que j'ose quel-

quefois me vanter de rire la plume à la main contre les plus enjoüez & les plus heureux. Ie ne doute point que quelques-vns ne disent que ma Comedie n'est qu'vne farce, & si ie me vante de l'auoir faite en trois semaines, qu'il ne se puisse trouuer quelque homme triste, qui me vienne rompre dans la visiere, en me disant que j'ay écrit bien des sottises en peu de temps. Mais vous voulez bien, MONSIEVR, que ie me serue de vostre nom pour la confondre, & que ie luy dise, que vous n'estes pas de ceux qui rient d'vne chose froide, ou qui se laissent emporter au rire des autres, & ce-

pendant qu'elle vous a pleu: A vous, dont l'esprit & la conduite ont paru auec éclat dans quatre ou cinq Cours les plus renommées & les plus delicates de l'Europe. Ie voudrois bien aussi parler de vostre courage, que vous auez exercé si dignement dans la France, dans l'Italie, & dans les Mers du Leuant. Mais l'Histoire de nostre temps ne s'en taira pas; & certes elle vous fera grande injustice si toutes les fois qu'elle parlera de vous, elle ne le fait auec Eloge, & si elle épargne rien du lustre qu'elle a accoûtumé de donner aux belles actions, toutes les fois qu'elle parlera des voſtres, ou nommera les lieux où vous les aurez faites. Ie ne vous amuſeray pas dauantage auec mon Epiſtre Liminaire, les meilleures de ce genre-là ſont les plus courtes, parce qu'elles importunent le moins: Ie la finiray donc comme on finit toutes les autres, en vous aſſeurant que ie ſuis de toute mon ame,

MONSIEVR,

Voſtre tres-humble, tres-obeïſſant, & tres-obligé ſeruiteur,
SCARRON.

PERSONNAGES.

DOM IVAN, d'Aluarade.

DOM LOVIS, de Rochas.

DOM FERNAND, de Rochas.

ISABELLE, de Rochas.....

LVCRESSE, d'Aluarade.

IODELET, valet de DOM IVAN d'Aluarade.

ESTIENNE, valet de DOM LOVIS de Rochas.

BEATRIS, seruante d'Isabelle.

La Scene est à Madrid.

IODELET

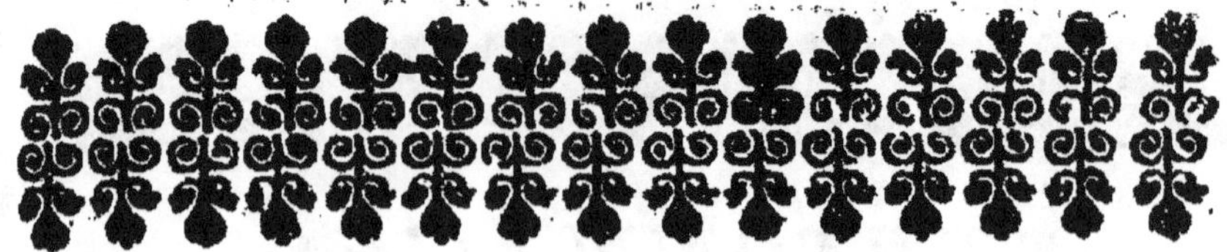

LE ROY.

LE plus aymable Roy de tous les Roys du
monde,
Si charmant, & si beau, qu'entre tous ses Sujets,
S'il s'en peut rencontrer, qui soient assez bien faits
Pour auoir de son air, ie veux que l'on me tonde.

Ce Roy donc que ie dis, en qui seul tout abonde,
Dont l'Esprit chaque iour fait acquests & con-
quests,
(faits
Dont le Coeur est si grand, enfin dont les hauts
Feront vn grand fracas sur la terre, & sur l'onde.

Peuples, c'est vostre Roy; c'est vn franc de-
my-Dieu,
C'est luy, qui donnera la paix en temps & lieu;
Ne nous venez donc plus prôner vostre misere.

Celebrez le feu Roy, qui l'a sceu faire tel,
Et baisez-en les mains à Madame sa Mere,
Qui par ce beau chef-d'œuure est digne d'vn
Autel.

AV ROY.

IEUNE Roy, que la France admire,
Tu nous fais bien voir que les Cieux
Font naistre encor des demy-Dieux,
Et prennent soin de ton Empire.

Ta grace à soy les Cœurs attire,
Ton visage éblouït les yeux,
Et de son air Imperieux,
Le respect, & la crainte inspire.

Ton Pere, & tes Nobles Ayeux,
N'ont point eu de vertu en eux,
Qu'en toy le Ciel ne les rassemble.

Enfin, il ne te manque rien,
Qu'vne Espouse qui te ressemble,
Dont le Sang soit digne du tien.

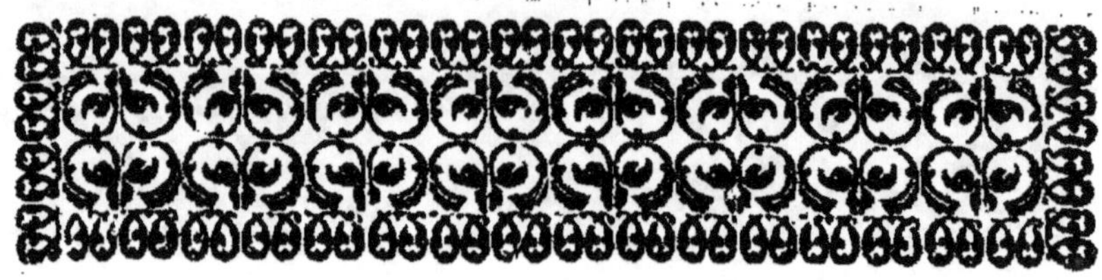

AV DVC D'ANIOV.

PRECIEVX & Royal Bijou,
Second Ioyau de la Couronne,
Present du Ciel, beau Duc d'Anjou,
Me prendrez-vous si ie me donne?

Ne me croirez-vous point vn fou,
De vous presenter ma personne?
Moy, qui suis moins qu'vn Sapajou,
Moy chetif, qui desia grisonne.

Si pourtant vous le trouuez bon,
I'ose vous dire que ce don
Est tres-rare: En voicy la cause.

Qui diable, hormis moy, pauure Iob,
Qui ne vay ni pas, ni galop,
Vous peut offrir si peu de chose?

ODE A

IODELET, OV LE MAISTRE VALET, COMEDIE.

ACTE I.

SCENE PREMIERE.

IODELET, DOM IVAN.

IODELET.

OVY, ie n'en doute plus, ou bien vous eſtes fou,
Ou le Diable d'Enfer qui vous caſſe le cou,
A depuis peu chez vous éleu ſon domicile.
Arriuer à telle heure en vne telle ville,
Courir toute la nuit ſans boire ny manger,
Menacer ſon valet, & le faire enrager.

DOM IVAN.

Taiſez-vous maiſtre ſot. Cette ruë où nous ſom-(mes
Eſt celle que ie cherche.

IODELET.

O le plus fou des hommes!
Et qu'y voulez-vous faire apres minuit ſonné,
Aller voir Dom Fernand?

DOM IVAN.

Ouy, tu l'as deuiné,
Ie veux dés cette nuit aller voir Iſabelle.

IODELET.

Dés cette nuit plûtoſt vous broüiller la ceruelle,
Si ceruelle chez vous eſt encore à broüiller.

DOM IVAN.

Si faut-il, Iodelet, te reſoudre à veiller,
Quelque las que tu ſois, quelque faim qui te tuë,
Ie ne ſuis pas d'auis de ſortir de la ruë,
Sans auoir veu de prés l'objet de mon amour,
Le deuſſay-je chercher iuſques au point du iour.

IODELET.

Reſſouuien-toy, mortel, qu'il eſt tãtoſt vne heure
Que l'on n'ouurira point où Dom Fernand de-
meure,
Que nous ſommes partis ce matin de Burgos,
Que tantoſt ſur mulets, & tantoſt ſur cheuaux
Nous auõs vous & moy, grace à voſtre Hymenée,
Couru comme des foux le long de la journée,
Et que toute la nuit faire le Chat-huan
Eſt tres-grande folie au Seigneur Dom Iuan.

DOM IVAN.

Reſſouuien-toy, mortel, que n'aymer que ſa gueu-(le,
Que ne viure icy bas rien que pour elle ſeule,
Eſt eſtre pis que beſte, & donc, ô Iodelet,
Vous n'eſtes qu'vne beſte habillée en valet.

IODELET.

Que ie hay les railleurs !

DOM IVAN.

Que ie hay les yvrognes !

IODELET.

Que ie hay les Amans, & leurs mourãtes trognes!

DOM IVAN.

Moy, que j'ayme Isabelle, & que son seul portrait
Me perce iusqu'au cœur d'vn redoutable trait!

IODELET.

Vous estes donc de ceux qu'vne seule peinture
Remplit de feu Gregeois, & met à la torture,
Et si Monsieur le Peintre a bien fait vn museau,
S'il s'est heureusement escrimé du pinceau,
S'il vous a fait en toille vn adorable idole,
L'original peut estre vne fort belle folle,
Sa bouche de Corail peut enfermer dedans
De petits os pourris au lieu de belles dents,
Vn portrait dira-t'il les deffauts de sa taille ?
Si son corps est armé d'vne jaque de maille?
S'il a quelques égouts outre les naturels ?
Accident tres-contraire aux appetits charnels,
Enfin, si ce n'est point quelque horrible Squelette,
Dont les beautez la nuit sont dessous la toillette.
Ma foy si l'on vous voit de femme mal pourueu,
Puisque vous vous coiffez deuãt que d'auoir veu,
Vous ne serez pas plaint de beaucoup de person-
(nes.

DOM IVAN.

Sçais-tu bien, Iodelet, alors que tu raisonnes,
Qu'il n'est pas sous le Ciel vn plus facheux que
(toy?

IODELET

Il n'est pas sous le Ciel vn plus fâché que moy,
Quand il faut à tâtons courir de ruë en ruë,
Ou dessous vn Balcon faire le pied de gruë.

DOM IVAN.

Iodelet.

IODELET.

Dom Iuan.

DOM IVAN.

Sans doute mon portrait
Enuers mon Isabelle aura fait son effet,
I'y suis peint à rauir.

IODELET.

Ie sçay bien le contraire.

DOM IVAN.

Que dis-tu?

IODELET,

Ie vous dis, qu'il n'a fait que déplaire.

DOM IVAN.

D'où diable le sçay-tu?

IODELET.

D'où ? ie le sçay fort bien.
Parce qu'au lieu du vostre elle a receu le mien.

DOM IVAN.

Traistre, si tu dis vray, mais ie croy que tu railles,
I'iray chercher ta vie au fonds de tes entrailles.

IODELET.

Venez-la donc chercher, car ie ne raille point,
Mais en frappāt mon corps, épargnez mon pour-(point.

DOM IVAN.

Ne pense pas tourner la chose en raillerie.
Dy, comment l'as-tu fait?

IODELET.

Vous estes en furie.

DOM IVAN.

Ouy, i'y suis tout de bon, ie n'y fus jamais tant.

IODELET.

Lors qu'auec bon congé du Cardinal Infant.

Et lettres de faueur nous partismes de Flandre.

DOM IVAN.

Et bien.

IODELET.

Escoutez donc, & vous l'allez apprendre:
Le desir violent de vous voir à Burgos
Vous fit aller bien viste, & par mons & par vaux.
Le voyage fut court, mais à nostre arriuée
Vn frere mis à mort, vne sœur enleuée,
Sans sçauoir où, par qui, ny pourquoy, ny cõment,
Vous penserent quasi gâter le iugement.

DOM IVAN.

A quel propos, méchant, viens-tu r'ouurir ma playe
Par le ressouuenir d'vne perte trop vraye?
Ha! frere non vengé, sœur qui m'ostes l'hõneur!
Et de ton assassin, & de ton suborneur
Ie sçauray par mon bras si bien me satisfaire,
Que ie pourray vanter ce que j'auois à taire:
Mais venons au Portrait.

IODELET.

I'y vay tant que ie puis,
Mais, ma foy, ie ne sçay quasi plus où j'en suis,
Ie ne fay que tirer, & rengainer ma langue:
Car vous interrompez à tous coups ma harãgue,
Ie n'ay pourtant rien dit qui ne soit à propos.

DOM IVAN.

Que ne raconte-tu la chose en peu de mots?

IODELET.

Ie ne puis, ny parler tandis qu'vn autre cause,
Pour moy, ie dis toûjours par ordre chaque chose.
Or pour vostre portrait que j'auois oublié...

DOM IVAN.

Iamais ses longs discours ne m'ont tant ennuyé.

IODELET.

A peine fusmes-nous de retour en Castille,
Que Fernand de Rochas vous proposa sa fille :
Là-dessus, son portrait qui vous fut apporté,
Vous rendit plus brûlant que le Soleil d'Esté,
Vingt mil écus estoient offerts auec la belle,
Et vous pour la charmer, cõme vous l'estiez d'el-(le,
Vous voulustes aussi qu'elle eust vostre Portrait,
Ainsi vous la frappiez auec son mesme trait:
Lors à bon chat, bon rat, & la pauure Donzelle
Estoit pour en auoir profondément dans l'aisle,
Le stratagéme estoit d'Amant bien rafiné,
Mais le Ciel autrement en auoit ordonné.

DOM IVAN.

Enfin, finiras tu quelque iour ton histoire ?

IODELET.

Ouy, Seigneur, mais il faut vous remettre en memoire :
Car pour moy ie suis las de me ressouuenir.

DOM IVAN.

Fusse-tu las aussi de tant m'entretenir;
I'ay bien icy besoin de patience extréme.

IODELET.

Vous vous souuiendrez donc, que vostre Peintre mesme
Me voulut peindre aussi.

DOM IVAN.

Poursuy, ie le sçay bien.

IODELET.

Sçauez-vous bien aussi qu'il ne m'en coûta rien,
Et que ce bon Flamand est braue homme, ou ie meure.

DOM IVAN.

Et bien croy-tu pouuoir acheuer dans vne heure.

As-tu brûlé, vendu, beu, mangé mon Portrait?
L'ay-je encore, l'a-t'elle, enfin qu'en as-tu fait?

IODELET.

Donnez-moy patience, & vous l'allez apprendre:
Mais retournõs chez nous, & laissõs-là la Flãdre.
Comme j'estois apres à vous empaqueter,
Vous sçauez que ie suis tres-facile à tenter,
Et que le Ciel m'a fait curieux de nature,
Pour vostre grand malheur j'auisay ma peinture,
Celle qu'au Païs-bas, comme ie vous ay dit,
Sans qu'il m'en coûtast rien vôtre Peintre me fit,
Ie la mis aussi-tôst vis à vis de la vostre,
Pour voir si l'vne estoit aussi belle que l'autre:
Lors ie ne sçay comment le Diable s'en mesla,
Ny ne vous puis conter comment se fit cela,
La mienne prit la poste, & la vostre restée,
Fit que j'eus quelques iours la teste inquietée:
Mais le temps qui dissipe & chasse les ennuis,
M'ayant fauorisé de quelques bonnes nuits,
Ie me suis desfâché de peur d'estre malade:
Vous, si vous me croyez, sans faire d'incartade,
Vous ne songerez plus au mal que i'ay commis,
Puis que c'est par mégarde, il doit estre remis,
Voila la verité, comme on dit, toute nuë.

DOM IVAN.

Et qu'aura-t'elle dit de ta face cornuë?
Chien, qu'aura-t'elle dit de ton nez de Blereau?
Infame.

IODELET.

Elle aura dit que vous n'estes pas beau,
Et que si nous estions artisans de nous-mesmes,
On ne verroit par tout que des beautez extrê-
Qu'vn chacun se feroit le nez effeminé, (mes,
Et que vous l'auez tel que Dieu vous l'a donné:

Mais que mal à propos peu de chosevous choque
Si vous pouuez demain luy conter l'équiuoque,
Quand elle vous verra brillant cõme vn Phœbus,
Vous me remercirez d'vn si plaisant abus.

DOM IVAN.

Paix-là, ie voy quelqu'vn qui sçaura bien peut-(estre
Où loge Dom Fernand : va le joindre.

IODELET.

Mon maistre.

DOM IVAN.

Que veux-tu ? parle bas.

IODELET.

Peut-estre il n'en sçait rien.

DOM IVAN.

Ha, mal-heureux poltron ! tu meriterois bien
Qu'il te donnast cent coups.

IODELET.

Il le pourra bi[illegible] faire.
Caualier !

SCENE II.

ESTIENNE, IODELET, D. IVAN.

ESTIENNE.

Qvi va là ?

IODELET.

Soit dit sans vous déplaire,
Où loge Dom Fernand.

ESTIENNE.

C'est icy sa maison.

IODELET *haussant la voix.*

Ha vrayment pour ce coup mon maistre auoit raison.
Le beau-pere est trouué, venez viste son gendre,
Nous n'auons qu'à fraper.

ESTIENNE.

Et moy ie vien d'apprendre
Que ie suis vn vray sot de leur auoir montré
Où mon maistre tantost est en cachette entré,
Et d'où ie le tiens prest de sortir tout à l'heure.
Mais j'y veux donner ordre.

DOM IVAN.

Est-ce icy qu'il demeure?

ESTIENNE.

Ouy, mais il est malade, & n'ayme pas le bruit.
Quelles gens estes-vous?

IODELET.

Nous n'allons que la nuit,
Nous portons à la nuit amitié singuliere,
Et serions bien fâchez d'auoir veu la lumiere:
Nous sommes de Norvegue, vn païs vers le Nort,
Où maudit d'vn chacun est tout homme qui dort:
Pour moy ie ne dors point, voyez-vous-là mon maistre;
C'est le plus grand veilleur, qui se trouue peut-estre.

ESTIENNE.

Ou plustost vn voleur qui me fera raison
De m'auoir l'autre iour surpris en trahison,
Ouy, ie le connois bien, & vous estiez ensemble.

IODELET.

Homme vn peu bien colere, & bien fou ce me semble,
Sçachez si nous l'estions la moitié tant que vous,
Que de ma blãche main vous auriez mille coups,

Et si vous ne fuyez, que cette mienne lame
N'aura plus de fourreau que celuy de vostre ame;
Mon maistre auancez-vous, ie cõmence à mollir,
Et sans l'obscurité vous me verriez pallir.

DOM IVAN.

A moy, rustaut, à moy, que ie vous ciuilise.

ESTIENNE.

Si faut-il, Tenebreux, que ie vous dépaïse,
A deux cens pas d'icy, quoy que vous soyez deux.
Si vous osez me suiure on s'y battra bien mieux.

DOM IVAN.

Ouy-da, ie vous suiuray.

IODELET.

La peste, comme il drille,
I'ay pourtant eu frayeur de ce chien de soudrille,
Autrement, sans peril ie luy cassois les os:
Foin, ie n'auray jamais poltron plus à propos.
Mais d'où diable est sorty cét autre vilain hõme?

SCENE III.

D. LOVIS, IODELET, D. IVAN.

DOM LOVIS *descend du Balcon.*

Estienne.

IODELET.

L'on y va.

DOM IVAN.

C'est son valet qu'il nomme,
Celuy qui deuant nous vient de gagner au pié.

DOM LOVIS.

Ou ie me trompe fort, ou ie suis épié,
Mais la rumeur icy troubleroit Isabelle,
Et ie dois mépriser l'hõneur pour l'amour d'elle.
Fuyons puis qu'il le faut.

DOM IVAN.

Demeure, ou tu es mort!
Demeure encor vn coup.

IODELET.

Diantre qu'il pousse fort.

DOM IVAN.

Dis ton nom vistement, ou ie t'oste la vie.

IODELET.

Ie suis Dom Iodelet, natif de Sigouie.

DOM IVAN.

Au diable le maraut, & l'homme du Balcon.

IODELET.

Il s'en est enuolé leger comme vn Faucon,
Et moy sot que ie suis ie vuidois sa querelle,
Tandis que le poltron enfiloit la venelle.
De deux grands vilains coups que vous m'auez poussez,
I'ay creu mes intestins par deux fois offencez,
Vous estes vn peu prompt : mais de grace, mon maistre,
On sort donc à Madrid ainsi par la fenestre?
Vous ne me dites mot?

DOM IVAN.

L'as-tu bien entendu?

IODELET.

Ouy.

DOM IVAN.

I'en suis tout confus.

IODELET.

Et moy tout confondu.

DOM IVAN.

Ie ne dois pas icy rien faire à la volée.

IODELET.

Vous auez, ce me semble, vn peu l'ame troublée.

DOM IVAN.

Ouy ie l'ay, Iodelet, & i'en ay du sujet;
Mais, raisonnons vn peu là-dessus.

IODELET.

C'est bien fait,
Raisonnons, aussi bien i'en ay tres-grande enuie,
Et ie ne pense pas durant toute ma vie
Auoir esté jamais en mes raisons si fort:
Raisonnons donc, mon maistre, & raisonnons bien fort.

DOM IVAN.

Ie suis né dans Burgos, pauure, mais d'vne race
Exempte, jusqu'à moy, de honte & de disgrace.

IODELET.

Fort bien.

DOM IVAN.

A mon retour de la guerre à Burgos
Ie me trouue attaqué de deux differens maux,
Le meurtre de mon frere, & ma sœur enleuée,
Quoy que soigneusement dans l'honneur éleuée,
Me causent vn chagrin qui n'eut jamais d'égal.

IODELET.

Fort mal, fort mal, fort mal, & quatre fois fort mal.

DOM IVAN.

Dom Fernand me choisit pour époux d'Isabelle.
Ton portrait pour le mien est receu de la belle.

IODELET.

Pas trop mal.

DOM IVAN.

Nous traittons cette affaire sans bruit,

Et ie pars pour Madrid, où j'arriue de nuit.

IODELET.

Vn peu mal.

DOM IVAN.

Sans songer à me chercher vn giste,
Mon amour droit icy m'ameine.

IODELET.

Vn peu trop viste.

DOM IVAN.

Ie rencontre vn valet où loge Dom Fernand,
Qui me fait à dessein querelle d'Allemand.
I'en voy sortir son maistre.

IODELET.

Il est vray qui détale
Comme vn poltron qu'il est.

DOM IVAN.

Mais de peur de scandale,
Certes il ne vint point à nous comme vn poltron.

IODELET.

Comment y vint-il donc le malheureux larron?

DOM IVAN.

Il y vint, Iodelet, comme aimé d'Isabelle.

IODELET.

Fort mal.

DOM IVAN.

Et c'est cela qui me met en ceruelle.

IODELET.

Raisonnons donc encore.

DOM IVAN.

Ah ne raisonnes plus,
Tes sots raisonnemens sont icy superflus.
Atten, certain conseil que l'amour me suggere
Guerira mes soupçons, c'est en toy que j'espere

Il faut que dés demain, ô mon cher Iodelet,
Tu passes pour mõ maistre, & moy pour ton valet:
Ton portrait supposé fait icy des merueilles,
Qu'as-tu, cher Iodelet, tu branles les oreilles?

IODELET.

Tous ces déguisemens sentent trop le baston,
I'ayme mieux raisonner, & puis que diroit-on,
Dom Iuan est valet, & Iodelet est maistre,
Et si par grand malheur: car enfin tout peut estre,
Vostre maistresse m'ayme, & si ie l'ayme aussi?

DOM IVAN.

De cela, Iodelet, ne prens aucun soucy,
Le mal sera pour moy, mais durant cette feinte
Les trop justes soupçõs dont mõ ame est atteinte
Pourront estre éclaircis: car comme, Iodelet,
Ie feray confidence auecque ce valet,
Ie feray l'amoureux de la moindre soubrette,
Mes presens ouuriront l'ame la plus secrette;
Toy, mangeant comme vn chancre, & beuuant
comme vn trou,
Paré de chaine d'or comme vn Roy de Perou,
Sans prendre aucune part à ma melancolie...

IODELET.

Ie commence à trouuer l'inuention jolie.

DOM IVAN.

Chez le bon Dom Fernand tu seras regalé,
Et moy, de mes soupçons sans cesse bourelé,
Ie me verray reduit à te porter enuie,
Sans espoir de guerir durant ma triste vie.

IODELET.

Et ne pourray-je pas pour mieux representer
Le Seigneur Dom Iuan, quelquefois charpanter
Sur vostre noble dos, bien souuent ce me semble
Vous en vsez ainsi.

DOM IVAN.

Quand nous ſerons enſemble
Tous ſeuls, & ſans témoins, ouy ie te le permets.

IODELET.

Porages mironnez, ſauoureux entremets,
Biſques, paſtez, ragous, enfin dans mes entrailles
Vous ſerez digerez, & vous lâches canailles,
Courtiſans de Madrid, luiſans, polis & beaux,
Nous vous en fournirons des cocus de Burgos.

Fin du premier Acte.

ACTE II.

SCENE PREMIERE.

ISABELLE, BEATRIS.

ISABELLE.

Croyez-moy, Beatris, faites vostre paquet,
Sans penser m'éblouïr auec vostre caquet,
Ie ne veux plus de vous.

BEATRIS.

Et du moins que ie sçache
Pour quel mal cõtre moy ma maistresse se fâche ?

ISABELLE.

Vous ne le sçauez pas?

BEATRIS.

Ma foy, si j'en sçay rien,
Ne puissay-je jamais hanter les gens de bien.

ISABELLE.

N'importe, ie vous chasse.

BEATRIS.

Et bien donc patience,
Ie n'ay pourtant rien fait contre ma conscience,
Et ie veux si jamais j'ay contre vous manqué,
Creuer comme vn boudin que l'on n'a pas piqué :

Tout ce malheur me vient de cette ame trai
ſtreſſe, (ſtieſſe.
Et tout mon peché n'eſt qu'aymer trop ma mai-
Vrayment l'on dit bien vray que toûjours les fla-
teurs
Sont plus crûs mille fois que les bons ſeruiteurs.

ISABELLE.

Ouy, Dame Beatris, vous eſtes innocente,
Il n'eſt point dans Madrid de meilleure ſeruante:
Vous n'auez point ouuert mon Balcon cette nuit?
Vous n'alliez pas nuds pieds pour faire moins de

BEATRIS. (bruit?

Helas! ie m'en ſouuiens, c'eſtoit voſtre dentelle
Que j'auois mis ſecher deſſus vne ficelle,
Et j'eus peur que la nuit on la prit en ce lieu.

ISABELLE.

Vous ne parlaſtes point?

BEATRIS.

C'eſt que ie priois Dieu.

ISABELLE.

Quoy, ſi haut....

BEATRIS.

Ie le fais, afin que Dieu m'entende,
Et la deuotion en eſt beaucoup plus grande.

ISABELLE.

Et l'homme qui ſauta de mon Balcon en bas,
Eſtoit-ce ma dentelle?

BEATRIS.

Ah! ne le croyez pas.

ISABELLE.

Ie l'ay veu, Beatris.

BEATRIS.

Ha, ma bonne maiſtreſſe,
Il eſt vray, Dom Loüis.....

ISABELLE.

Ah Dieu! ce nom me blesse.
Quoy ce fut Dom Loüis?

BEATRIS.

Ouy vostre beau cousin.

ISABELLE. (dessein
Mon beau cousin, méchante, & pour quel beau
L'auiez-vous introduit, infame, abominable!

BEATRIS.

Si c'est vn grand peché que d'estre charitable,
Vous auez grand sujet de me crier bien fort; (tort.
Mais si vous m'écoutiez ie n'aurois pas grand

ISABELLE.

Vous parlerez long-tẽps auant que ie vous croye.

BEATRIS. (voye,
Ne puissiez-vous jamais souffrir que ie vous
Si ie ne vous dis vray. Ce fut donc hier au soir
Que le bon Dom Loüis vint icy pour vous voir;
A cause qu'il pleuuoit ie le mis dans la salle,
Ce fut bien malgré moy, car ie crains le scandale:
Mais le drolle qu'il est entra bon-gré mal-gré,
Tost apres, j'entendis cracher sur le degré
Vostre pere Fernand, vous sçauez biẽ qu'il crache
Plus fort qu'aucun qui soit dans Madrid que ie
sçache.
Au bruit de ce crachat Dom Loüis se sauua
Dedans vostre Balcon, qu'entr'ouuert il trouua,
Ie l'enfermois encor lors que vous arriuastes,
Auecque le vieillard trop long-temps vous causastes:
Cependant Dom Loüis le Balcon habitoit,
Où de vos longs discours peu content il estoit:
Enfin, quand ie vous vis dans le lit assoupie,
Moy qui suis de tout temps encline à l'œuure pie,

Ie l'allay deliurer tres-charitablement;
Il me dit qu'il vouloit vous parler vn moment;
Ie dis *nescio vos*, & luy chantay goguette,
Disant, allez chercher vostre Dariolette,
Vn autre l'eust seruy, car il parloit des mieux,
Et ie voyois tomber les larmes de ses yeux:
Mais lors qu'en me coulant en main quelques pistoles,
Et qu'en me conjurant de ses belles paroles,
En m'appellant, mon cœur, ma chere Beatris,
Il m'eut mis dans le doigt vne bague de prix,
Ie veux bien l'auoüer, j'eus vne telle rage,
Que ie pensay deux fois luy sauter au visage.
Non que tous ses regrets ne me fissent pitié,
Et vrayment ie le tiens de fort bonne amitié:
Mais dans vos interests ie ne connois personne,
Brebis par tout ailleurs, j'y suis vne Lionne:
Et luy, si-tost qu'il vit que ce n'estoit plus jeu,
Que de fine fureur j'auois la face en feu,
Du Balcon sans tarder il sauta dans la ruë,
Où j'entendis crier tost apres, tuë, tuë;
Voila ce grand sujet de mon exclusion,
Et le juste loyer de mon affection,
Il faut bien que ie sois fille peu fortunée:
Ie fondois mon bon-heur dessus vostre hymenée,
Et si de Dom Iuan, qu'on dit estre venu
Mon zelle à vous seruir, pouuoit estre conneu;
Ie n'esperois pas moins?

ISABELLE.

Quoy? Dom Iuan encore?
Vn homme que ie crains, vn hõme que j'abhorre,
Apres vn Dom Loüis m'est par vous allegué,
Pretendez-vous par là me rendre l'esprit gay?
Adieu fille de bien, que plus ie ne vous voye.

BEATRIS.

Au diable Dom Loüis, c'est là que ie t'enuoye,
Maudit soit le badaut, & l'amoureux transi,
Le malheureux qu'il est me cause tout cecy,
Est-il dedans Madrid fille plus malheureuse ?

SCENE II.

D. FERNAND, BEATRIS ISABELLE.

DOM FERNAND.

QV'auez-vous, Beatris, vous faites la pleureuse.

BEATRIS.

Vostre fille me chasse, & si ie n'ay rien fait
Que luy reprensenter qu'elle doit en effet
Agréer Dom Iuan, parce qu'il le merite,
Et que vous le voulez.

DOM FERNAND.

La cause est bien petite
Pour vous mettre dehors, & ma fille a grand tort ;
Mais pour vous rajuster ie feray mon effort.
Faites-la moy venir. Souuent mon Isabelle,
Et cette Beatris ont ensemble querelle,
Tantost c'est pour vn mot de trauers répondu,
Pour vn miroir cassé, pour du blanc répandu,
Souuent aussi ce n'est que pour vne vetille,
C'est à dire pour rien : mais i'apperçoy ma fille,

Ce n'eſt pas la ſaiſon de chaſſer des valets
Quand il ne faut penſer qu'à dances & balets:
Pour moy tout le premier ie veux faire gambade,
Car i'eſpere aujourd'huy Dom Iuan d'Aluarade.

ISABELLE.

Eſperez, eſperez cét agreable Eſpoux,
Moy i'eſpere la mort moins cruelle que vous.

DOM FERNAND.

Ie ſuis donc bien cruel, puis qu'elle eſt moins cruelle,
Vraiment, noſtre Iſabeau, vous nous la baillez belle.
Ah! que ſi ie croyois mon eſprit irrité,
Voſtre jeune muſeau ſe verroit ſouffleté,
Et ſi ie faiſois bien, qu'auec ces deux mains cloſes,
Ie ternirois de lis & fanerois de roſes:
Vous voulez volontiers quelque godelureau,
Qui methodiquement vous léche le morveau,
Vn faiſeur de recueils, vn debiteur de rimes,
Vn de ces libertins qui cauſent aux Minimes,
Vn pliſſeur de canons, vn de ces faineans
Qui paſſent tout vn iour à noüer des galans,
Ou ſe faire trainer, couchez dans vn caroſſe,
Si ie luy faiſois playe, ou du moins vne boſſe,
Ne ferois-ie pas bien? qu'en dis-tu ma raiſon,
Puis-ie oublier ſa faute à moins d'eſtre vn Oyſon?
La Coquine s'en rit, & ie veux qu'elle en pleure;
Et moy, i'en ris auſſi, peu s'en faut, ou ie meure,
Quand quelqu'vn pleure ou rit, i'en vſe tout ainſi,
Et parce qu'elle rit, ie m'en vay rire auſſi,
Peſte, que ie ſuis ſot! *Il rit voyant rire ſa fille.*

ISABELLE.

Ie confesse, mon pere,
Que vous auez raison de vous mettre en colere :
Mais confessez aussi, regardant ce tableau,
Affreux au dernier point, bien loin de sembler beau,
Que ma douleur est juste alors qu'elle est extréme,
Et qu'il faut bien qu'il soit la brutalité mesme,
Le brutal sur lequel ce marmouset est fait.

DOM FERNAND.

Vous jugez donc d'vn homme en voyant son portrait,
Souuent vn vilain corps loge vn noble courage,
Et c'est vn grand menteur souuent que le visage;
Il est vray, celuy-cy doit se plaindre de l'art,
Et tout y represente vn insigne pendart,
Ou diable ay-je pesché ce detestable gendre?
Et comment Dom Fernand a-t'il pû se méprendre?
Ie pensois bien auoir troué la pie au nid,
Mais pourtant, mais pourtant, beaucoup de gens m'ont dit
Qu'on estime à la Cour ce Iuan d'Aluarade.
Or bien, promettez moy sans faire de boutade,
Que vous le traitterez par tout ciuilement,
Et moy ie vous promets foy d'hôme qui ne ment,
S'il se trouue aussi sot que sa peinture est laide,
A tous ces embarras de donner bon remede:
Mais vne Dame vient qui ne se veut montrer,
Ie voudrois bien sçauoir qui l'aura fait entrer,
Sans venir demander si nous sommes visibles:
Les bourreaux de valets sont tous incorrigibles:
Madame, sans vous voir, & sans vous demander
Le nom que vous auez, vous pouuez commander.

SCENE III.

LVCRESSE, D. FERNAND.

LVCRESSE.

IE n'attendois pas moins d'vne ame si ciuile,
Ie viens, ô Dom Fernand, chez vous chercher azile:
Mais puis-je sans témoins vous conter mon malheur?

DOM FERNAND.

Ouy da, retirez-vous.

LVCRESSE.

Fay si bien ma douleur,
Que l'on puisse trouuer quelque excuse à mes fautes.
Non, ie ne me plains point du repos que tu m'ostes,
Si ie puis faire voir, par mes pleurs infinis,
Que mes yeux ont esté de mon crime punis.
Mes yeux, mes traistres yeux qui receurent la flame
Qui noircit mon hõneur, & me couure de blâme:
Mes traistres yeux de qui les criminels plaisirs
Me feront à la fin exhaler en soûpirs:
Pleurez donc, ô mes yeux, soûpirez, ma poitrine.

DOM FERNAND.

Parbleu, cette étrangere est de fort bonne mine.

LVCRESSE.

Et vous, mes foibles bras, embrassez ces genoux,
Vous ne me verrez point leuer de deuant vous,

Que ie n'aye obtenu le secours que i'espere.

DOM FERNAND.

Ce stile est de Romant, & ie vous en reuere,
Ma sotte d'Isabeau n'a iamais leu Romant,
Quand est de moy, i'estime Amadis grandement:
Vous n'estes pas personne à qui rien on refuse,
De refuser aussi personne ne m'accuse;
Croyez donc aysément, tout cela supposé,
Qu'il ne vous sera rien de ma part refusé.

LVCRESSE.

Il faut donc, ô Fernand, que ie vous importune
Du recit de ma race, & de mon infortune,
Pour ma race bien-tost vous en serez sçauant,
Car mon pere deffunt m'a dit assez souuent
Qu'il auoit auec vous fait amitié dans Rome,
Et qu'il vous connoissoit pour braue Gentilhomme.

DOM FERNAND.

Ces Vers sont de Mairet, ie les sçay bien par (cœur,
Ils sont tres à propos, & d'vn tres-bon autheur,
Toûjours d'vn bon autheur la lecture profite,
Et sçauoir bien des vers, est chose de merite.

LVCRESSE.

Burgos est donc la ville où ie receus le iour,
Mais cette ville aussi vit naistre mon amour,
Et ie dois l'abhorrer, & pour l'vn & pour l'autre.
Helas! fut-il iamais Destin pareil au nostre!
Car ma mere en trauail quand ie nasquis, mourut,
Mon pere de regret, quand mon amour parut,
Cruel ressouuenir de ma faute passée,
Quand donnerez-vous tréve à ma triste pensée!
Diego d'Aluarade est le nom qu'il auoit,
Auec beaucoup de soin sa bonté m'éleuoit,

Ie luy

Ie luy fis esperer beaucoup de mon enfance:
Mais helas ! ce fut bien vne fausse esperance,
Mes deux freres n'estoient pas moins de luy che-
Car le Ciel les auoit traitez en fauoris, (ris,
Ie viuois auec ceux contente & fortunée.
Mais que l'amour bien tost changea ma destinée !
Vn étranger qui vint aux festes de Burgos,
Fit voir en nos Tournois qu'il auoit peu d'égaux,
Nous nous vismes le soir dedans vne assemblée,
Ie souffris son abord, & i'en fus cajolée,
Ou plûtost mon esprit fut par le sien charmé,
Il feignit de m'aymer, tout de bon ie l'aymé:
Mais souffrez que mes pleurs vous apprennent
le reste,
Car tout en est honteux, car tout en est funeste,
Puis que mon crime, helas ! vn frere me rauit,
Et que d'affliction mon pere le suiuit.
Moy, sans pleurer leur mort, sans rougir de ma
flame,
L'amour auoit banny la raison de mon ame,
I'adorois en esprit mon infidelle Amant,
Que i'attendy deux ans à Burgos vainement.
A la fin ie voy bien que ie suis delaissée,
Ie quitte mes parens, & comme vne insensée
Maudissant mon amour, souhaittant le trépas,
Pour trouuer ce méchant i'adresse icy mes pas.
Helas ! il m'auoit dit qu'il me seroit fidelle,
Mais qu'on croit aisément alors qu'on se croit
belle,
Et que pour s'asseurer d'vn cœur comme le sien
La beauté bien souuent est vn foible lien:
I'en suis, ô Dom Fernand, vn exemple effroya-
ble,
Car pour auoir crû trop vn tigre impitoyable,

Qui me prit par les yeux, & triompha de moy,
Se déguisant d'vn nom aussi faux que sa foy,
Ie me voy deuant vous comme vne forcenée,
Maudissant mille fois le jour sa destinée.
Helas! que contre moy le Ciel est irrité,
Puis que tout mon espoir n'est qu'vn nom aposté,
Et qu'auec cét espoir justement ie m'étonne,
Quand ie voy que ce nom n'est connu de personne.
Cependant il est vray qu'il habite ces lieux,
L'ingrat, car l'autre jour il parut à mes yeux:
Mais ie ne le pûs joindre, & ie n'ay pû connoître
Par vn nom qu'il n'a pas, la demeure d'vn traître
Que le Ciel à mes yeux ne deuroit plus cacher,
Si les pleurs auoient pû jusqu'icy le toucher:
Mais ie m'adresse à vous comme au dernier remede,
Pour trouuer cét ingrat, ie demande vostre aide,
Ie sçay bien, veu le rang qu'en ces lieux vous tenez,
Qu'il me fera raison si vous l'entreprenez:
Ie n'allegueray point mon pere & sa memoire,
Ie veux vous conjurer par vostre seule gloire,
Et sans vous obliger d'vn langage flatteur.

DOM FERNAND.

Pour faire court, ie suis vostre humble seruiteur,
Et l'ay toûjours esté de Monsieur vostre pere,
Il me faisoit l'honneur de m'appeller son frere:
Quant à vous, disposez de tout ce que ie puis,
Ma fille tâchera d'adoucir vos ennuis.

SCENE IV.

BEATRIS, D. FERNAND.

BEATRIS.

MOnsieur vostre neveu demande auec instãce
De vous entretenir pour chose d'importan-
DOM FERNAND. (ce.
Madame, ie reuiens à vous dans vn moment,
Beatris, menez-la dans mon appartement,
Et qu'on fasse venir mon neveu tout à l'heure,
Cette Dame est la sœur de mõ gendre, ou ie meu-
Il me faut pressentir s'il voudra bien la voir, (re,
Nous ne laisserons pas de tout nostre pouuoir
De chercher son Amant & la tirer de peine.
Et bien, cher Dõ Loüis, quelle affaire vous meine,
En quoy puis-je seruir vn si braue neveu?

SCENE V.

D. LOVIS, D. FERNAND.

DOM LOVIS

MOnsieur, vn mien amy m'a mandé depuis
peu

Que j'auois sur les bras vne grande querelle,
Ie sçay bien pour chercher vn Conseiller fidelle,
Puis qu'il est question d'honneur & de combats,
Que m'adressant à vous, ie ne me trompe pas.

DOM FERNAND.

Au moins ne pouuez-vous en employer vn autre
Qui vous cherisse plus, & qui soit autant vostre,
Iusques au dégainer ie vous le montreray.
Est-ce par ce billet?

DOM LOVIS.

Ouy, ie vous le liray.

DOM FERNAND.

Lisez donc, aussi bien i'ay perdu mes lunettes.
Et n'est pas trop aisé d'en recouurer de nettes.

DOM LOVIS.

LETTRE.

Le ieune frere de celuy
Que vous auez tué pour quelques amourettes,
Part de ce païs aiourd'huy
Pour aller en Cour où vous estes:
Ie ne sçay pas pour quel suiet;
Mais ie sçay bien que vous l'écrire,
Pour éuiter pareil accident, ou bien pire,
Est à moy fort bien fait.

DOM PEDRO OSORIO.

DOM FERNAND.

Où fut-ce?

DOM LOVIS.

Dans Burgos.

DOM FERNAND.

Estoit-ce vn Caualier?

DOM LOVIS.

Ouy, de mes grands amis.

DOM FERNAND,

En combat singulier?

DOM LOVIS.

Non, ce fut par mégarde, & durant la nuit noire.

DOM FERNAND.

Contez-moy le détail de toute cette histoire.

DOM LOVIS.

Vous allez tout sçauoir.

DOM FERNAND.

S'entend en peu de mots?

DOM LOVIS.

Vous-vous souuenez bien des Festes de Burgos:
Pour le premier enfant qu'eut la grande Isabelle,
Des Royales vertus le plus parfait modelle,
Vn amy qui faisoit trop d'estime de moy
M'inuita de venir à ce fameux Tournoy,
Pour montrer auec luy nostre valeur commune:
Là, contre six Taureaux i'eus assez de fortune,
Dans les autres combats i'eus vn bon-heur égal,
Le soir, il me mena voir les Dames au Bal,
Vne beauté m'y prit, & ie la pris de mesme,
Dans ce commencement i'eus vn bon-heur extré-
Helas! ce grand bon-heur à la fin se trouua (me;
Vn des plus grands malheurs qui iamais m'arriua,
Le lendemain i'obtins de l'aller voir chez elle:
Si ie luy plaisois fort, ie la trouuois fort belle;
Et certes ie l'aimois aussi sincerement
Que peut iamais aimer vn veritable Amant.
Pour faire court, vn soir que nous estiõs ensemble
I'entẽs rompre la porte, & ie la voy qui tremble,
Ie me leue & ie mets mon épée à la main,
Elle prend la chandelle, & la souffle soudain.

La porte s'ouure, on entre, on m'attaque, on
me bleſſe, (dreſſe
Sans voir, ie pouſſe, pare, & plus d'heur que d'a-
I'en fais d'abord choir vn bleſſé mortellement,
Puis dans l'obſcutité ie m'échape aiſément.
Helas! le jour d'apres quelle fut ma triſteſſe,
Quand le mort ſe trouua frere de ma maiſtreſſe,
Et de plus, ô mal-heur, dur à mon ſouuenir,
Ce meſme intime amy qui m'auoit fait venir,
Comment ne ſceus-je point que cette pauure
Amante (te?
Depuis deux ou trois mois logeoit chez vne tan-
Comment ne ſçeûmes-nous deuant ce triſte jour,
Moy, qu'il euſt vne ſœur, ou luy, moy de l'amour?
Mais c'eſt vous ennuyer d'vne plainte inutile,
Ayant toûjours celé mon nom en cette ville,
I'en ſortis aiſément ſans eſtre ſoupçonné.
C'eſt à vous qui voyez l'auis qu'on m'a donné,
Et qu'en cét embaras quaſi tout m'eſt contraire,
De me dire en amy tout ce que j'y dois faire,
Ie ſçay bien ſi ie veux des conſeils ſur ce point,
Qu'aucun ne peut donner ce que vous n'auez
point,
Que mon hõme eſt icy, ie n'en fay point de doute,
Qu'il tâche à me trouuer, l'apparence y eſt toute,
Ie ne puis le fuir ſans grande lâcheté,
Ie ne puis le tuer auſſi ſans cruauté,
Ie ne puis l'inuiter à ſe battre ſans crime,
Et tout menace icy ma vie & mon eſtime:
Mais on frape à la porte.

DOM FERNAND.

Et meſme rudement,
Et qui Diable oſe ainſi heurter inſolemment?

SCENE VI.

BEATRIS, D. FERNAND, D. LOVIS, ISABELLE.

BEATRIS.

MOn Maistre, cent écus pour si bonne nouuelle,
Et qu'on fasse venir ma maistresse Isabelle,
Vostre gendre est là bas, beau, poly, frais tondu,
Poudré, frizé, paré, riant comme vn perdu,
Et couuert de bijou comme vn Roy de la Chine.

DOM LOVIS.

Vous auez donc ainsi marié ma cousine
Sans qu'on en ait rien sçeu. Vous étiez bien pressé.

DOM FERNAND.

Ouy.

DOM LOVIS.

Helas! que ce mot m'a rudement blessé.

DOM FERNAND.

Beatris, vistement que ma fille s'ajuste,
Va donc viste.

BEATRIS.

I'y cours.

DOM LOVIS.

Que le Ciel est injuste!

DOM FERNAND.

Ha vrayment mon esprit n'est pas mal partagé,
Mon neveu l'agresseur, mon gendre l'outragé:

Comment donc garantir ma maison de carnage?
Ha, ma fille, approchez.

DOM LOVIS.

Que de bon cœur j'enrage.

DOM IVAN.

Allons le receuoir.

ISABELLE.

Ou plûtost à la mort.

SCENE VII.

IODELET, D. IVAN, ISABELLE, D. FERNAND, D. LOVIS.

IODELET *suiuy de Dom Iuan.*

CEtte chambre est fort belle, & ie m'y plairay fort.

ISABELLE.

O qu'il estoit bient peint ?

DOM IVAN.

O qu'elle estoit bien peinte!

IODELET *s'entre-taillant.*

Ce maudit éperon m'a blessé d'vne atteinte.

DOM FERNAND.

Soyez le bien venu, Monseigneur Dom Iuan.

DOM IVAN.

Respon..

IODELET.

Le beau-pere a de l'air d'vn Chahuan,
Et vous, le bien trouué.

ISABELLE.

L'agreable figure!

IODELET.

Quoy, toûjours ce vieillard, ô le mauuais augure!
Ie m'en veux deliurer, il me tient trop long-tẽps.

DOM FERNAND.

Mon gendre n'est pas sage, il parle entre ses dents.

IODELET.

Vous seruez donc toûjours d'Escran à vostre
fille?

DOM IVAN.

Que dis-tu, malheureux?

DOM LOVIS.

La demande ciuille.

IODELET.

Maudit soit le fâcheux.

ISABELLE.

De qui donc parle-t'il?

IODELET.

Ne puis-je point de face, ou du moins de porfil,
Vous guigner vn moment, ô charmante Isabelle?
De grace, D. Fernand, que l'on m'approche d'elle,
Ou du moins qu'on m'en montre ou jambe, ou
bras, ou main.

DOM FERNAND.

Ma fille auoit raison, mon gendre est vn vilain.

IODELET.

O Dieu! qu'en ce païs on est chiche d'épouze:
Ailleurs j'aurois déja des baisers plus de douze;
Parbleu ie la verray, dussay-je estre indiscret.

DOM FERNAND.

O Dieu, qu'il m'a fait mal!

IODELET.

Ie vous pousse à regret;

Mais ie suis amoureux, équitable beau-pere.
Ie vous voy donc enfin, ô beauté que j'espere,
Vous me voyez aussi, mais pourray-je sçauoir
Si vous prenez grand goust en l'honneur de me voir?

DOM LOVIS.

C'est fort bien debuter.

DOM FERNAND.

O l'impertinent gendre!

IODELET.

Ils rient tous, ma foy, rient-ils de m'entendre,
Est-ce que i'ay tenu quelque propos de fat?
Iodelet, on n'est pas chez nous si delicat:
Si ie ne suis assis, i'en lâcheray bien d'autres:
Là! Seigneur Dom Fernãd, faites venir des vôtres,
Vous estes mal seruy, mais j'y mettray la main.

DOM FERNAND.

Mon gendre, encor vn coup, n'est ma foy qu'vn vilain:
Beatris, vistement que l'on apporte vn siege.

IODELET.

Dites-moy, ma maistresse, auez-vous bien du liege?
Si vous n'en auez point, vous estes sur ma foy
D'vne fort belle taille, & digne d'estre à moy.

DOM LOVIS.

Le joly compliment!

IODELET.

Ce jouuenceau cause.
Dites-moy, mõ Soleil, vous est-il quelque chose?
Ou si c'est vn plaisant?

ISABELLE.

C'est mon cousin germain.

DOM FERNAND.

Pour la troisiéme fois mon Gendre est vn vilain.

DOM IVAN.

Ce beau Cousin germain tous mes soupçons réueille.

IODELET.

N'auez-vous point sur vous quelque bon cure-oreille ?
Ie ne puis dire quoy me chatoüille dedans,
Hier ie rompy le mien en m'écurant les dents:
Quoy, vous riez encore ?

DOM LOVIS.

A propos, ma Cousine,
Vous ne contentez point Monsieur touchant sa mine,
Il vous a dit tantost qu'il desiroit sçauoir
Si vous preniez grand goust en l'honneur de le voir.

ISABELLE.

Ie n'ay iamais rien veu qui luy soit comparable,
Et ie ne pense pas qu'il trouue son semblable
Et de corps & d'esprit.

IODELET.

Chacun en dit autant.
Mais les vingt mil écus est-ce en argent contant?
Esclaircissez-nous-en, & vuidons cette affaire.

DOM LOVIS.

Quoy, Seigneur Dom Iuan, vous estes mercenaire?

IODELET.

Tous ceux qui le croiront seront de vrays badaus,
Et l'on n'en vit iamais dans les Aluarados.

DOM LOVIS.

Dans les Aluarados ! n'auiez-vous pas vn frere ?

IODELET.

Ouy, qu'vn lâche assassin occit, mais par derriere.

DOM IVAN.

Si Dom Iuan sçauoit quel est cét assassin,
Il iroit luy manger le cœur dedans le sein,

S'il faut qu'entre mes mains ce détestable tombe,
Le moindre de ses maux est celuy de la tombe:
Ie le déchirerois, le traistre, à belle dents,
Ie l'irois affronter entre cent feux ardents:
Mais il tuë en voleur, & se cache de mesme.

DOM LOVIS.

Vrayment de ce valet l'impudence est extréme!
Quelqu'vn m'a dit pourtant....

DOM IVAN.

Et que vous a-t'on dit?

DOM LOVIS.

Que ce fut par malheur...

DOM IVAN.

Ce quelqu'vn-là mentit,
Ce fut en trahison.

DOM LOVIS.

Vous voyez son audace.

ISABELLE.

Qu'auecque sa fureur il conserue de grace!

DOM LOVIS.

Vous-vous émancipez.

IODELET.

Il n'a pas le cœur bas.

DOM LOVIS.

Ie vous trouueray bien.

DOM IVAN.

Ie ne vous fuiray pas.

DOM LOVIS.

Si ce n'estoit le lieu ie vous ferois bien taire.

IODELET.

Mon valet est vaillant, & quasi temeraire.

DOM LOVIS.

Quoy, mon oncle vn valet?

DOM FERNAND.

Hé ! mon Dieu, qu'est-ce-cy?
Le beau commencement de nopces.

IODELET.

Mon soucy,
Laissons-les quereller, & disons des sornettes :
Ou bien si vous vouliez prendre vos Castagnettes,
Le plaisir seroit grand.

DOM FERNAND.

Ouy, c'en est la saison.
Vous n'auez pas encor visité la maison,
Prenez, Monsieur, ma fille, ouurez la galerie
Vistement, Beatris : Mon néveu ie vous prie....
Allons, mes chers amis, allons, qu'attendons-(nous ?

IODELET,

Ie suis sans compliment.

DOM FERNAND.

C'est fort bien fait à vous.

SCENE VIII.

DOM IVAN seul.

ENfin dans mes soupçons ie voy quelque lumiere,
Ie n'ay plus qu'à trouuer l'assassin de mon frere,
Ie n'ay plus qu'à trouuer mon imprudente sœur,
Ie n'ay plus qu'à trouuer son lâche rauisseur,
Auec ce beau Cousin ie n'ay plus qu'à me prendre, (prendre,
C'est l'homme du Balcon, l'on vient de me l'ap-

I'ay sçeu de son valet tirer les vers du nez,
Ie sçauray bien encor, Amans bien fortunez,
Si vous faites de moy les moindres railleries,
Tandis que mon esprit s'abandonne aux furies,
Mesler dans vos plaisirs quelque chose d'amer,
Et mesme vous haïr au lieu de vous aimer :
Si ie puis découurir, trop aymable Isabelle,
Que vous ne soyez pas aussi sage que belle.

Fin du second Acte.

ACTE III.

SCENE PREMIERE.

D. LOVIS, ESTIENNE.

DOM LOVIS.

NE m'importune plus, le sort en est jetté.

ESTIENNE.

Vrayement ce Dom Iuan est par vous bien traité:
Vous auez abusé sa sœur, tué son frere,
Vous pretendez encore en sa femme?

DOM LOVIS.

I'espere
En ma perseuerance, en Beatris, en toy,
En mon oncle Fernand, en Isabelle, en moy,
I'espere en Dom Iuan, en sa mine importune,
Et plus que tout cela j'espere en la fortune.
Bon, voicy Beatris.

SCENE II.

BEATRIS, ESTIENNE, D. LOVIS.

BEATRIS.

HA! Monsieur, est-ce vous?

ESTIENNE.

Non, c'est le grand Mogor.

BEATRIS.

Tout beau, Roy des filous,
Ie parle à vostre maistre.

DOM LOVIS.

Et bien, que fait le gendre?

BEATRIS.

Vous parlez d'vn sujet où l'on peut bien s'étendre,
Ce beau jeune Seigneur, tantost qu'on a disné,
A mangé comme vn diable, & s'est déboutonné,
Puis dans vn cabinet qui joint la vieille salle
S'est couché de son long sur vne natte sale,
Vn peu de temps apres il s'est mis à ronfler,
Ie n'ay jamais oüy Cheual mieux renifler.
Toute la vitre en tremble, & les verres s'en cassent:
Mais si ie vous disois les choses qui se passent....

DOM LOVIS.

Ma pauure Beatris.

BEATRIS.

Mon pauure Dom Loüis.

DOM LOVIS.

C'est de toy que ie tiens le bien dont ie joüis.

BEATRIS.

I'en dis autant de vous, mais ce n'est qu'en promesse,
N'importe, ce n'est pas le gain qui m'interesse.

DOM LOVIS.

Ha, non, ie veux mourir, demande à ce valet
Si ie n'ay pas laissé mon or sous mon cheuet:
Mais ie reçoy demain quatre ou cinq cens pistoles.

BEATRIS.

Bien, bien, écoutez donc la chose en trois paroles,
I'ay hâte: Dom Fernand vostre oncle est enragé,
Et voudroit de bon cœur se voir bien dégagé,
Vostre chere Isabelle également enrage,
Iusques-là qu'elle en a souffleté son visage.
Le temps est, ou jamais, de joüer vostre jeu,
Il faut battre le fer tandis qu'il est au feu,
Et si vous ne sçauez bien pescher en eau trouble,
Ie ne donnerois pas de vostre affaire vn double:
Tâchez donc de la voir & de l'entretenir,
Promettez comme quand on ne veut pas tenir,
Employez hardiment vostre meilleure prose,
N'oubliez pas le lys, n'oubliez pas la rose,
Dites-luy bien qu'elle est l'objet de tous vos voeux,
Pleurez & soûpirez, arrachez des cheueux,
Puis sur vos grands cheuaux; monté comme vn S. George,
Dites que pour bien moins on se coupe la gorge,
Que Dom Iuan n'a pas encor ce qu'il pretend,
Qu'en tout cas vous sçauez fort bien comme on se pend,

Si l'insolent vous nuit, reprenez le modeste,
Inuoquez-moy la mort, ou pour le moins la peste;
Ne vous étonnez point, elle fera beau bruit :
Mais vous sçauez qu'on perd le combat quand
on fuit:
Or si vous en tirez la moindre lachrymule,
Ie vous donne gagné, foy de Beatricule :
Vous riez, Dom Loüis, de ce diminutif,
Dame nous en vsons, & du superlatif.
Vn certain jeune Autheur qui tâche de me plaire,
Quand ie vay visiter mon cousin le Libraire,
M'apprend tous ces grands mots : mais adieu, ie
m'enfuis,
I'ay causé trop long-temps, maudite que ie suis,
Car voicy ma Maistresse, & son pere auec elle,
Cachez-vous en ce coin, & vous Iean de Niuelle
Sauuez-vous vistement.

ESTIENNE.

Adieu donc faux teston.

BEATRIS.

Ie te hâteray bien si ie prens vn bâton.

SCENE III.

D. FERNAND, ISABELLE.

DOM FERNAND.

PLûtost mourir cent fois que fausser ma parole.

ISABELLE.

Mais mon pere.

DOM FERNAND.

Mais quoy, vous estes vne folle,
Tout ce que vous pouuez seulement esperer,
Est que ie pourray bien vos nopces differer:
Mais a-t'on veu jamais affaire plus meslée?
Ma foy, i'en ay quasi la ceruelle fellée,
Mon gendre est offensé, ie le dois estre aussi,
Si c'est par mon neveu, que dois-je faire icy?
Dois-je abandonner l'vn, pour me joindre auec l'autre;
Ventre de moy, par tout il y va bien du nostre,
L'vn me tient par le sang, & l'autre par l'honneur,
Et i'ay besoin icy d'vn extréme bon-heur.

ISABELLE.

Quoy, ce fut Dom Loüis qui luy tua son frere?

DOM FERNAND.

Ouy, ce fut Dom Loüis, & ce qui desespere,
La sœur de Dom Iuan m'implore contre luy,
Luy puis-je honnestement refuser mon apuy?
Aujourd'huy mon neveu m'est venu tout de mesme
Dire qu'il a besoin de ma prudence extréme
Contre vn homme qu'il a doublement offensé,
Et cét homme est mon gendre, & moy, pauure insensé,
Tantost à mon neveu, tantost à ce beau gendre,
Ie ne sçay quel party ie dois laisser ou prendre:
Ouy ma foy, i'en suis fou, si jamais ie le fus,
Adieu, ie vay tâter mon gendre là dessus.

SCENE IV.

ISABELLE seule.

ET moy ie vay pleurer ma triste destinée,
O Ciel ! à quel brutal m'auez-vous condamnée !
N'estoit-ce pas assez de cette auersion,
Sans me troubler encor d'vne autre passion?
Ouy Ciel ! c'estoit assez pour estre malheureuse,
Mais vous voulez encor que ie sois amoureuse.
Ha ! c'est trop me haïr que de me faire aymer
Vn que ie n'oserois à moy-mesme nommer,
Toy, qui n'es pas pour moy, faut-il que ie t'adore?
Et toy pour qui ie suis, faut-il que ie t'abhorre?
Et qu'vn troisiéme mal à ces deux maux soit joint,
Ce Dom Loüis qui m'ayme, & que ie n'ayme point?
Ouy, bien loin de t'aymer, ie te hay, miserable:
Mais si ton mal est grand, le mien est effroyable,
Laisse, laisse-moy donc, importun Dom Loüis,
Regarde au prix de moy de quel heur tu joüis,
Tu n'es que trop vengé de la pauure Isabelle,
Toy qui peux sans rougir te dire amoureux d'elle,
Toy qui peux sans rougir luy découurir ton feu,
Et tu te plains encor, comme si c'estoit peu,
Va, va, console-toy, ma fortune est bien pire,
Car j'ayme, malheureuse, & ie n'ose le dire;
Et de plus, ie te hay, j'ay ce mal plus que toy,
Et de plus, Dom Iuan sera maistre de moy,

Ainsi ie hay, ie crain, & ie suis amoureuse,
Auec ces passions puis-je estre bien-heureuse?
Helas, de tous ces maux qui me deliurera?

SCENE V.

DOM LOVIS, ISABELLE.

DOM LOVIS.

Moy, charmante Isabelle, & quand il vous plaira,
Ouy de ce Dom Iuan vous serez dégagée,
Puis qu'enuers Dom Loüis vostre humeur est changée,
Puis que de Dom Loüis autrefois méprisé,
Le violent amour se void fauorisé: (épée
Commandez donc, Madame, & bien-tost cette
Dans le sang odieux de Dom Iuan trempée,
Vous fera confesser deuant la fin du iour,
Que rien n'estoit égal à vous que mon amour.

ISABELLE.

O Dieu! me proposer des crimes de la sorte,
Sors d'icy malheureux, sors deuant que ie sorte,
D'vne indigne pitié que presque malgré moy
Mesme nom, mesme sãg, me font auoir pour toy.
Et comment m'ayme-tu si tu me crois capable
D'écouter seulement vn dessein si coulpable?
Ah! ne flatte point dedans ta passion,
Tu ne seras jamais que mon auersion:
Va, va-t'en à Burgos faire des perfidies,
Va, va-t'en à Burgos joüer tes Tragedies;

Vas-y tromper la sœur, & tuer le germain,
Et me laisse en repos, execrable inhumain,
Assez grands sont les maux de la pauure Isabelle,
Sans tâcher de la rendre encore criminelle.

DOM LOVIS.

Ha, si jamais....

ISABELLE.

Tay-toy, le plus noir des esprits,
Ou bien ie rempliray la maison de mes cris.

SCENE VI.

BEATRIS, D. LOVIS, ISABELLE.

BEATRIS.

HA mon Dieu parlez bas, Dom Fernand & le gendre (dre.
Sont dessus l'escalier, ils vous pourroient enten-
Ie ne voy pas comment auec facilité
Dom Loüis sortira : car de l'autre costé
Son suffisant valet auec sa bonne mine
Dans la chambre prochaine a ie croy pris racine.

ISABELLE.

Et que ferons-nous donc?

DOM LOVIS.

Si j'osois...

ISABELLE.

Laisse-moy.

DOM LOVIS.

Si ce valet fâcheux....

ISABELLE.

Il l'est bien moins que toy,
Beatris.

BEATRIS.

Par ma foy ie tremble en chaque membre,
Si vous vouliez pourtant le mettre en vostre chambre...

ISABELLE.

Où tu voudras, pourueu qu'il soit loin de mes yeux.

BEATRIS.

Mettez-vous donc vn peu dessus le serieux,
Et m'appellez bien haut effrontée, impudente.

ISABELLE.

I'enten bien, cét auis n'est pas d'vne imprudente,
Car i'ay haussé la voix d'vne étrange façon.
Vrayment vous me donnez vne belle leçon,
Estes-vous vne folle, ou ne suis-je pas sage ?
Que vous m'osez tenir vn si hardy langage,
Dom Iuan n'est pas beau, Dom Iuan vous déplaist.
Laissez-là Dom Iuan, ie l'ayme comme il est.
Ha vrayment Beatris la sotte, si mon pere
Apprend ce bel auis....

SCENE VII.

D. FERNAND, IODELET, ISABELLE, D. IVAN.

DOM FERNAND.

Vous estes en colere.

ISABELLE.

C'est pour certain bijou qu'on m'a pris ou perdu.

IODELET.

Non, non, à d'autres, non, i'ay le tout entendu,
Vous ne m'aymez dõc pas Madame la traistresse?
Et vous me desseruez auprés de ma maistresse:
Ha, louue! ha, porque! ha, chienne! ha, braque! ha, loup garou!
Puisse-tu te briser bras, main, pied, chef, cul, cou,
Que toûjours quelque chien contre ta jupe pisse,
Qu'auec ses trois gosiers Cerberus t'engloutisse,
Le grand chien Cerberus, Cerberus le grand chien,
Plus beau que toy cent fois, & plus homme de bien.

DOM FERNAND.

Retirez-vous d'icy, sotte, mal auisée.

IODELET.

Ne vous en seruez plus, ce n'est qu'vne rusée,
Ie la garanty telle.

DOM FERNAND.

O Dieu! ie meurs de peur,
Que ce maistre brutal n'aille trouuer sa sœur,

Il faut le mettre aux mains auecque sa maistresse.
Ie vous quitte vn moment pour affaire qui presse,
Ma fille cependant demeure auprés de vous.

IODELET.

Bien, bien, allez-vous-en. En dépit des jalous
Ne pourray-je sçauoir, ô beauté succulente
Que j'ayme autant qu'vn oncle, & bien plus qu'vne tante,
Comment dans vostre cœur Dom Iuan est logé ?
Ie n'ay pû le sçauoir, & j'en suis enragé.

ISABELLE.

Pour vous dire la chose auec toute franchise,
Aujourd'huy seulement ie suis d'amour éprise,
Ie n'auois dans l'esprit que de l'auersion,
Le dédain seulement estoit ma passion :
Mais helas, croyez-moy, depuis vostre venuë
La flâme de l'amour m'est seulement connuë,
Et bien que mon amour à nul autre second
Doiue se réjoüir quand le vostre y répond,
Au contraire, ie suis dans vne peine extréme,
De voir que vous m'aymez, & qu'il faille que j'ayme,
Car vostre humeur du mien ne peut estre le prix,
Encore que par vous mon cœur se trouue pris,
Bien qu'à vous, & chez vous, est tout ce que j'adore,
Sçachez pourtant qu'en vous est tout ce que j'abhorre.

IODELET.

Ma foy, j'entens bien peu ce discou afiné,
Ie connoy seulement qu'il est passionné.
Où diable prenez-vous tant de Philosophie?

ISABELLE.

Il faut bien enuers vous que ie me iustifie,

Vous doutez de ma flâme. Ouy, j'ayme encor vn
coup,
Ce que j'ayme eſt à vous, & ie l'ayme beaucoup,
Alors qu'en vous voyãt j'apperçoy tout enſemble
L'objet de mon amour, & ie brûle, & ie tremble,
Ie brûle de deſir, & ie tremble de peur,
Vous cauſez à la fois, ma joye & ma douleur,
Fut-il jamais vn mal plus étrange & plus rare ;
Lors que ie le dis moins, quaſi ie le declare,
Et ſi ie le diſois, au lieu de m'alleger,
Au lieu de me guerir, ie ſerois en danger ;
Et quand ſans découurir ou bien cacher ma flâme
Ie tâche à déguiſer ce que ie ſens dans l'ame,
En ce déguiſement ie trouue vn ſort égal,
C'eſt à dire par tout ie n'ay rien que du mal.

IODELET.

I'enten encore moins ce diſcours-cy que l'autre,
Ie connoy ſeulement que l'amour la rend noſtre,
Que la pauurette brûle à noſtre intention,
Car elle me lorgnoit auec attention.
Depuis que ie vous vis, bel Ange tutelaire.
Parbleu pour acheuer ie ne ſçay comment faire,
Approchez, mon valet, faites pour moy l'amour,
Puis apres ie viendray la reprendre à mon tour.

DOM IVAN.

Mais, Monſieur.

IODELET.

Mais faquin, vous voudriez peut-eſtre
Me donner des cõſeils, ſuis-je pas voſtre Maiſtre ?
Et qui ſçait mieux que vous le bien que ie luy
veux,
Et qui pourra donc mieux luy faire ſçauoir, gueux.

DOM IVAN.

Madame, j'obey, puis qu'on me le commande.

IODELET.

Qu'il a peur de faillir auec ſa houpelande.
C'a, radouciſſez-vous ſans faire le railleur,
Faites bien les doux yeux, & donnez du meilleur:
Ie m'en vay cependant faire auprés de la porte
Quelques reflexions ſur choſe qui m'importe.

BEATRIS.

Comment pourray-je donc tirer hors de ſon trou
Ce maudit Dom Loüis ? male-peſte du fou.

IODELET.

Mais n'eſt-ce point auſſi, Madame, ſon eſtoile
Qui la pouſſe ſur nous, comme on dit, à plein voile ?
La fortune, ma foy, s'iroit rire de moy,
Si m'offrant tel bon-heur ie ne vous l'empaumoy.
Mon Maiſtre, que ſçait-on, peut en eſtre bien aiſe;
Mais s'il arriue auſſi que cela luy déplaiſe,
Prenons l'occaſion au peril d'vn affront,
Par le fin beau toupet qu'elle a deſſus le front,
Par derriere elle eſt chauue, & reſſemble vne gogue:
Mais qui l'eut jamais dit, qu'vn viſage de dogue
Pûſt donner de l'amour : il faut en profiter,
Et quand nous ſerons ſeuls ie pretens la tenter.
Reſvons vn peu deſſus cette preſente affaire.
Mon valet, vous a-t'on mis là pour ne rien faire,
Vous parlez à l'oreille, ha, vrayment maiſtre ſot,
Ou vous parlerez haut, ou vous ne direz mot.

DOM IVAN.

I'ay crû que parlant haut, ie pourrois vous diſtraire.

IODELET.

Non, non, parlez tout haut ſi vous voulez me plaire.

DOM IVAN.

Ie m'en vay donc vous dire icy ma passion,
Mais tout ce que ie fais n'est rien que fiction,
Ie ne suis pas icy ce que ie deurois estre,
Et ce n'est pas ainsi que j'y deurois parestre.
Lors que ie m'imagine, objet charmant & doux,
Le bien qu'aura celuy qui sera vostre époux,
Mon ame, ie l'auouë, est de fureur saisie,
En vn mot ie me sens épris de jalousie,
C'est assez vous montrer que j'ayme auec excez.
Mais qui m'asseurera d'auoir vn bon succez?

IODELET.

Ostez-vous vistement, ie tiens vne pensée
Qui vaut son pesant d'or. Si mon ame insensée,
Tout ainsi que la mer a son flux & reflux,
Pouuoit s'émanciper. Ha! ie ne la tien plus,
Elle m'est échapée, adorable Isabelle,
Le plaisir que ie prens en vous voyant si belle
M'a seiché la memoire, & troublé les esprits,
Ou bien plûtost c'est toy, maudite Beatris,
Qui me porte guignon, allons viste, qu'on gille;
Vous aussi, mon valet, qui faites tant l'habile,
Qu'on me laisse icy seul.

ISABELLE.

Quoy, seul, qu'en diroit-on?

IODELET.

Et qui peut en parler si ie le trouue bon?

ISABELLE.

Au moins que Beatris...

IODELET.

Ie n'en veux point démordre.
Vous ne pouuez faillir, puis que c'est par mon ordre,
Puis, ie n'ay point encor visité le Balcon,
Allons-y prendre l'air, on dit qu'il y fait bon.

ISABELLE.

Ouy, principalement lors que quelque vent souf(fle.

DOM IVAN.

Quel diable de dessein peut auoir ce marousle?
Ie le veux obseruer.

IODELET.

Allons donc, mon soucy.

ISABELLE.

Vous me dispenserez, ie ne bouge d'icy.

IODELET.

Ouy, vous ne bougerez. Ah! c'est trop de mystere,
Sçauez-vous que ie suis vn homme tres-colere?
Cà donc, viste, qu'on vienne.

ISABELLE.

O Dieu! quel insolent!
Quoy me tirer ainsi d'vn effort violent,
Et ie puis viure encor? ô fortune cruelle!
Faut-il que ce brutal trouue que ie suis belle,
Et que pour éuiter le peril que ie cours
Le trépas soit le seul qui m'offre son secours?

IODELET.

Ha! ma Reyne, de grace...

ISABELLE.

O le dernier des hommes,
Sçache, si ce n'estoit les termes où nous sommes,
Que ie t'arracherois & le cœur & les yeux,
Et qu'auec ces deux mains...

IODELET.

Mais plûtost faites mieux,
Souffrez que ie les baise.

IABELLE.

Ha! ie suis enragée:
Quoy? ie n'estois donc pas déja trop outragée!
Laissons-là ce brutal.

DOM IVAN *le ſurprend.*

Ha, ha ! maiſtre vilain,
Vous vous ingerez donc de luy baiſer la main ?

IODELET.

Moy ! c'eſt qu'elle a baiſé la mienne.

DOM IVAN.

Ame de boüe,
Tu railles donc, pendart, & tu croy que ie joüe,
Infame, ſac à vin, inſolent, effronté,
Tu te repentiras de ta temerité.

IODELET.

Ha, mon maiſtre !

DOM IVAN.

Ha coquin !

IODELET.

Ha la teſte, ha l'épaule,
Ha de grace, Seigneur !

DOM IVAN.

Si j'auois vne gaule
Ie te ferois crier d'vne étrange façon :
Mon Dieu ! c'eſt elle-meſme.

IODELET *ſe iette ſur ſon Maiſtre.*

Et comment, beau garçon,
Oſes-tu deuant moy médire d'Iſabelle ?
Tu ne la trouue donc que paſſablement belle ?
Maiſtre grimpe-potence, & par haut & par bas,
Et de pieds & de mains.

ISABELLE.

Hé, ne le frapez pas.

DOM IVAN.

Ha bourreau !

IODELET.

Tu ſçauras comme les bras ſe caſſent.

ISABELLE.

Que vous a-t'il donc fait ?

IODELET.

Ce sont chaleurs qui passent.
Le voyez-vous bien là ce vray gripe-manteau,
Il ne merite pas qu'on luy donne de l'eau.
Tu ne la trouue donc que passablement belle?
Et d'esprit elle n'est aussi que telle-quelle?

ISABELLE.

Il me hait dont, l'ingrat, ha! c'est pour en mourir.

DOM IVAN.

Ie ne puis differer, ie vay me découurir,
Enfin, ie ne suis plus.

IODELET.

Loin, loin d'icy, profane,
N'attẽ plus rien de moy, si ce n'est coups de can-
Puis-je pas le chassant retenir son habit ? (ne,

ISABELLE.

Non non, si j'ay chez vous tant soit peu de cre-
dit, (traistre.
Qu'il ne soit point chassé, ce n'est pourtant qu'vn

DOM IVAN.

Iamais coquin peut-il plus offencer son Maistre ?
Et qui l'eust jamais crû de ce chien de Valet.

IODELET.

Ie vous quitte vn moment, mon Ange.

ISABELLE.

Iodelet.

DOM IVAN.

Madame,

ISABELLE.

Ie rougis, & ne sçay que luy dire,
Ie vous nommois tantost l'autheur de mon mar-
tyre,

Et j'auois de l'amour pour vous, n'en croyez rien,
Ce n'est qu'à Dom Iuan que ie voulois du bien,
Vous estiez Dom Iuan alors, mais à cette heure
Vous estes Iodelet.

DOM LOVIS.

Ha, Madame, ie meure,
S'il me peut arriuer jamais vn bien plus doux,
Que de voir D. Iuan quelque iour vostre époux.

ISABELLE.

Il ne m'ayma jamais, j'en suis trop asseurée.

DOM IVAN.

Iamais chose de moy ne fut plus desirée,
I'y mets toute ma gloire, & mon ambition.

ISABELLE.

Vous estes donc content, car c'est ma passion.

DOM IVAN.

Ouy, ie serois content, trop aymable Isabelle,
Si j'estois asseuré que vous fussiez fidelle,
Mais helas! iusqu'icy tãt mon malheur est grand,
Tout semble vous conuaincre, & rien ne vous défend.

SCENE VIII.

BEATRIS, ISABELLE.

BEATRIS.

IL s'en est donc allé, le mignon de couchette,
Ie pourray maintenant tirer de sa cachette
Le Seigneur Dom Loüis.

ISABELLE.

L'as-tu bien veu ſortir ?

BEATRIS.

Il n'en faut point douter.

ISABELLE.

Va le faire partir,
Et me vien retrouuer au jardin.

BEATRIS.

Malheureuſe,
Ne voy-je pas ſortir cette Dame pleureuſe,
A qui diable en veut donc ce fantôme hideux ?
Peſte ſoit de la Dame, & du ſot amoureux.

SCENE IX.

LVCRESSE, DOM LOVIS.

LVCRESSE.

Ce procedé nouueau me ſurprend & m'étonne,
C'eſt mal me proteger alors qu'on m'abandonne.
Ie reuiens, m'a-t'il dit, à vous dans vn moment,
Et comme ſi c'eſtoit trop de ce compliment,
Et de m'auoir donné ſa chambre pour azile,
Il eſt peut-eſtre allé ſe diuertir en ville.
Ie viens tout maintenant d'oüir des gens parler,
Crier fort haut, ſe battre, & ſe bien quereller :
Tout cecy me paroiſt de fort mauuais augure,
Mais ie leur veux montrer vne autre procedure,
Ie prendray congé d'eux auant que de ſortir,
Ie ne puis faire moins que les en auertir,

Ie pense que voila la chambre d'Isabelle,
Elle est ouuerte, entrons, & prenons congé d'elle.
Mais j'y voy, ce me semble, vn homme, ô Dieu!
Ie ne puis l'éuiter. (c'est luy,

DOM LOVIS.

Ie pense qu'aujourd'huy
Beatris a dessein de faire icy mon giste,
Mais, ô chere Isabelle, où courez-vous si viste?
Ie ne suis pas icy pour vous persecuter:
Quoy! vous ne voulez pas seulement m'écouter,
Et cependant pour vous nuit & iour ie soûpire.
Helas, ie n'ay qu'vn mot seulement à vous dire.
Vous m'auez enuoyé tãtost faire à Burgos (gaux,
Des crimes assez noirs pour n'auoir point d'é-
Vous m'auez reproché ma flame criminelle,
Comme si ie trouuois quelque autre fille belle;
Apres vous auoir veuë, ou celle que j'y vy,
Dont pour passer le temps ie me feignis rauy,
Ne posseda jamais que des appas vulgaires,
Qu'elle estimoit charmans, & qui ne l'estoient gueres.
Pour vous le témoigner, mon nom ie luy feigny,
Et ce fut par pitié que ie me contraigny
A passer quelques nuits deuisant auec elle,
Ie n'en ay depuis eu ny demandé nouuelle,
D'en sçauoir ce n'est pas aujourd'huy mon soucy.

LVCRESSE *ouurant son voile.*

Ha, ie t'en veux apprendre, infame, la voicy,
Celle qui n'eut jamais que des appas vulgaires,
Celle qui t'aymoit tant & que tu n'aymois gueres,
Qui te hait maintenant, & qui te haïra,
Qui morte ou viue, aymée ou méprisée, ira
Te reprocher par tout, Amant impitoyable,
Que ne t'ayant rien fait que n'estre pas aymable,

Tu la deuois laisser pour ce qu'elle valoit,
Sans feindre de l'aymer, ouy traistre, il le falloit,
Et ne l'appeller pas, & ton ame & ta Reyne.
Helas! j'aurois vn frere, & ie serois sans peine,
Au lieu que ie me voy par cette trahison
Sans honneur, sans appuy, sans frere, & sans maison.
Tu pense m'échaper, homicide, parjure,
Au secours, à la force.

DOM LOVIS.

Ha, Madame, ie jure
Que vous serez contente.

LVCRESSE.

Ame & double & sans foy...

SCENE X.

D. IVAN, LVCRESSE, D. LOVIS.

DOM IVAN.

Qvel desordre est-ce-cy?

LVCRESSE.

Dieu, qu'est-ce que ie voy?

DOM IVAN.

N'est-ce pas là ma sœur?

LVCRESSE.

N'est-ce pas là mon frere?

DOM IVAN.

Et l'vn & l'autre objet me mettent en colere.

DOM LOVIS.

A qui donc en veur-il ?

DOM IVAN.

Ie suis tout assuré
Du crime de ma sœur : ie n'ay pas aueré
Tout à fait mes soupçons, commēçons donc par elle:
Malheureuse.

LVCRESSE.

Ha ! Seigneur.

DOM LOVIS

I'entreprens sa querelle,
Encore qu'elle cherche à se vanger de moy:
Mais quel droit pretens-tu sur elle ?

DOM IVAN.

Ie le doy.

DOM LOVIS.

Toy, n'es-tu pas valet ?

DOM IVAN.

Dom Iuan est mon maistre,
Son honneur est le mien.

LVCRESSE.

Il se celle peut-estre
Auec quelque dessein.

DOM LOVIS.

Quoy, me voir quereller
Deux fois par vn Valet?

DOM IVAN. *Lucresse veut sortir.*

Ha ! non pour s'en aller,
C'est ce que ie ne veux & ne dois pas permettre:
Mais en cette maison qui vous a donc pû mettre,
Et pourquoy tant de cris?

LVCRESSE.

Vous allez tout sçauoir.
I'entrois dans cette châbre, & c'estoit pour y voir

Isabelle, j'ay veu cét homme, ce me semble,
Qui m'a paru surpris ; las, encore j'en tremble,
A quelle intention il s'y vouloit cacher,
Ie ne sçay : le voyant sortir, pour l'empescher,
I'ay crié, mais ie croy que sans vostre venuë...

DOM IVAN.

C'est assez, c'est assez, mon offence est connuë,
Ie veux fermer la porte.

LVCRESSE.

Helas, ie meurs de peur.

DOM IVAN.

Il faut, ô Dom Loüis, faire voir sa valeur.

DOM LOVIS.

Tu mourras de ma main.

DOM IVAN.

Ie vous tien.

LVCRESSE.

Ie suis morte.

DOM LOVIS.

On frape, on vient à nous.

DOM IVAN.

Acheuons, il n'importe.

SCENE XI.

DOM FERNAND, LVCRESSE, DOM IVAN, DOM LOVIS, ISABELLE.

DOM FERNAND *dehors.*

IL la faut enfoncer.

LVCRESSE.

Ie feray bien d'ouurir.

DOM IVAN *parlant bas à sa sœur.*

N'ouurez pas, si par toy l'on peut me découurir...

LVCRESSE.

Ha, Seigneur Dom Fernand, appellez tous les vostres.

DOM FERNAND.

Arrestez, par la mort, le premier de vous autres
Qui ne rengaignera, ie seray contre luy :
O Dieu, que d'embarras m'accablẽt aujourd'huy!
Qui vous a mis icy, mon Neveu ; vous, Lucresse?
Qui vous a découuerte ? & vous, quel mal vous presse,
Qui n'auez fait encore icy que quereller.

DOM LOVIS.

Vous allez tout sçauoir.

DOM IVAN.

Non, laissez-moy parler,
Ie le sçay mieux que luy ; mais il faut que ie sça-
Si ce n'est pas ceans que Lucresse se cache, (che

Si Dom Loüis n'est pas parent de la maison.

DOM FERNAND.

Ouy, l'vn & l'autre est vray.

DOM IVAN.

N'est-ce pas la raison
Qu'vn valet dans l'honneur d'vn maistre s'interesse,
Lors que dans son honneur on l'attaque, on le blesse.

DOM FERNAND.

On ne le peut nier.

DOM IVAN.

Escoutez si j'ay tort.
Ie suis icy couru que l'on crioit bien fort,
Lucresse auoit trouué, sans doute à l'insçeu d'elle,
D. Loüis dans la chambre où se couche Isabelle,
Ie l'ay veuë éplorée aux prises auec luy,
Il faut qu'il ait esté caché tout aujourd'huy,
Car ie n'ay pas leué l'œil de dessus la ruë,
Et l'on n'a pû sortir sans passer à ma veuë.

DOM LOVIS.

Ha! c'est pour vn Valet trop de rafinement.

DOM IVAN.

Ie ne suis pas au bout, il faut asseurément,
Mon Maistre estant époux de Madame Isabelle,
Qu'il se trouue offésé pour Lucresse ou pour elle,
Il pourroit bien encor l'estre pour toutes deux,
Ie ne puis donc manquer en vn cas si douteux,
Puis qu'en toutes les deux il peut aller du nostre
D'acheuer Dom Loüis, ou pour l'vn ou pour l'autre.

DOM LOVIS.

D'acheuer? tu n'as pas encore commencé.

DOM FERNAND.

Arrestez, Dom Loüis, estes-vous insensé?

Iodelet, ha ! voicy la plus étrange affaire
Dont on ait oüy parler.

DOM IVAN.

Vous n'y pouuez rien faire,
Il faut que ie le tuë.

DOM FERNAND.

Ha, mon cher Iodelet,
Remettez vostre épée.

ISABELLE.

Il faut que ce Valet
Soit jaloux pour son Maistre, & la chose est nouuelle.

DOM IVAN.

On ne sçauroit iamais vuider nostre querelle :
Mais pour l'amour de vous j'ose bien hazarder
Vn moyen qui pourra les choses retarder,
C'est que vous me fassiez chacun vne promesse.
Vous, Seigneur D. Fernand, de remettre Lucresse
Au pouuoir de son frere alors qu'il le voudra.
Vous, Seigneur Dom Loüis, alors que l'on pourra,
De vous couper la gorge auec Dom Iuan mesme.

DOM LOVIS.

Quant à moy ie ne puis sans vne peine extrême
Prendre ou donner parole à des gens comme toy.

DOM IVAN.

Sçachez que Dom Iuan n'est pas autre que moy,
Si ce n'est que bien-tost D. Iuan vous assomme,
Vous sçauez si ie suis, ou puis estre vostre homme.

DOM FERNAND.

Ouy, nous vous promettons ce que vous desirez,
Mon Neveu.

DOM LOVIS.

Ie feray tout ce que vous voudrez;
Ie donne ma parole,

DOM IVAN.

Et ie donne la mienne
Que ie n'auance rien que Dom Iuan ne tienne.

DOM LOVIS.

Ie n'ay donc qu'à chercher vostre Maistre demain.

DOM IVAN.

Vrayment vous n'aurez pas à faire grand chemin.

DOM FERNAND.

Ie m'en vay le chercher.

DOM IVAN.

Vous y pourray-je suiure?

DOM FERNAND.

Ouy, venez.

DOM IVAN.

I'ay bien peur que nous le trouuions yvre.

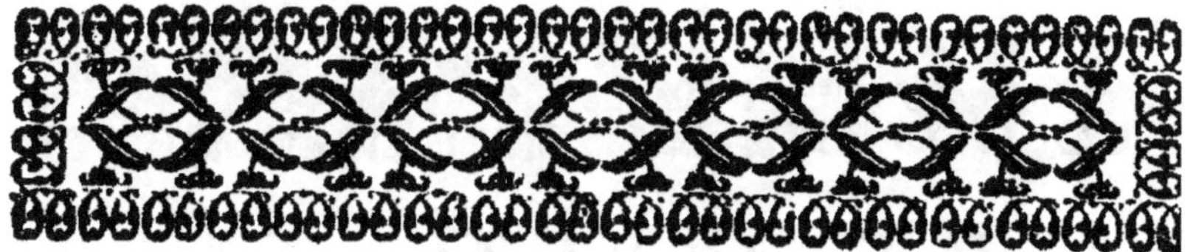

ACTE IV.

SCENE PREMIERE.

LVCRESSE, ISABELLE.

LVCRESSE.

VOstre ciuilité m'est icy bien cruelle,
Laissez-moy, laissez-moy sortir, belle Isabelle.

ISABELLE.

Et quoy, vous pensiez donc ainsi nous échaper?
Le bon-homme n'est pas si facile à tromper,
Il s'en est bien douté; mais tantost il espere
De vous raccommoder auecque vostre frere,
C'est vne affaire aisée, ou ie me trompe fort.

LVCRESSE.

Mon frere ne se peut fléchir que par sa mort,
Deliurez-vous plûtost de cette infortunée,
Ses pleurs s'accordent mal auec vostre hymenée,
Car vous diray-je enfin la chose comme elle est,
D. Iuan n'est rien moins que ce qu'il vous paroît.

ISABELLE.

Ha! le voicy venir, cachez-vous ie vous prie,
Vous n'auez qu'à passer dans cette galerie,
Pour gagner le jardin où ie vous vay trouuer,
Cependant ie me cache icy pour l'obseruer.

SCENE II.

IODELET *seul, & en se curant les dents.*

SOyez nettes, mes dents, l'honneur vous le commande,
Perdre les dents est tout le mal que j'apprehende.
L'Ail ma foy vaut mieux qu'vn Oignon,
Quand ie trouue quelque mignon,
Si-tost qu il sent l'Ail que ie mange,
Il fait vne grimace étrange,
Et dit, la main sur le roignon,
Fy, cela n'est point honorable,
Que beny soyez-vous, Seigneur,
Qui m'auez fait vn miserable,
Qui prefere l'Ail à l'honneur.
Soyez nettes, mes dents, &c.
Que ce fut bien fait au Destin
De ne faire en moy qu'vn faquin,
Qui jamais de rien ne s'offence;
Ma foy, j'ay raison quand ie pense
Que plus grand est l'heur du gredin,
Ny que du Prelat en l'Eglise,
Ny que du Prince en vn Estat,
D'estre peu beaucoup ie me prise,
Il n'est rien tel qu'estre pied-plat.
Soyez nettes, mes dents, &c.
Quand ie me mets à discourir
Que le corps enfin doit pourrir,

Le corps humain, où la Prudence,
Et l'honneur sont leur residence,
Ie m'afflige jusqu'au mourir.
Quoy, cinq doigts mis sur vne face,
Doiuent-ils estre vn affront tel,
Qu'il faille pour cela qu'on fasse
Appeller vn homme en duel ?
Soyez nettes, &c.
Vn Barbier y met bien la main,
Qui bien souuent n'est qu'vn vilain,
Et dans son métier vn grand aze :
Alors que tel Barbier vous raze,
Il vous gâte vn visage humain,
Pourquoy ne t'en veux-tu pas battre,
Toy qu'vn souflet choque si fort,
Que tu t'en fais tenir à quatre :
Vn souffleté vaut bien vn mort ?
Soyez nettes, &c.
Pour moy i'estime moins qu'vn chien
Celuy qui n'aime icy bas rien,
Que botte en tierce ou bien en quarte,
Ou cheual qui de la main parte,
Ou pistolet qui tire bien.
Faut-il qu'en duels on abonde
Pour quelque injure que ce soit,
Si coups de bâton sont au monde,
Qui font mal quand on les reçoit ?
Soyez nettes, &c.
Messieurs les lyons rugissans,
Qui tous allez éclaircissans
Au gré de vostre jaune bile,
Sçachez qu'aux champs comme à la ville
Vn souflet vaut mieux que cinq cens,
Puis que souflets les deshonorent,

Ou les hommes ſont inſenſez,
Ou Meſſieurs les viuans ignorent
Quels ſont Meſſieurs les trépaſſez. (mande,
Soyez nettes, mes dents, l'honneur vous le com-
Perdre les dents eſt tout le mal que i'apprehende.

SCENE III.

BEATRIS, IODELET.

BEATRIS.

HA! Seigneur Dom Iuan, l'on vous a bien cherché.

IODELET.

L'on me deuoit trouuer, ie n'eſtois pas caché,
Et qui ſont ces chercheurs?

BEATRIS.

L'vn eſt voſtre beau-pere,
Et l'autre Dom Loüis, fils de ſon defunt frere,
Voſtre valet en eſt auſſi.

BEATRIS.

I'eſtois allé
Chez vn amy, manger d'vn pied de bœuf ſallé,
Où i'ay trouué d'vn Ail qui ſent bien mieux que l'ambre;
Quelle clef tenez-vous?

BEATRIS.

Celle de voſtre chambre;
Dom Fernand vous deſtine vn autre apparrement,
Où vous ſerez bien mieux, & plus commodement.

IODELET.

Pourquoy ce changement?

BEATRIS.

Il craint la médisance,
Et vous ne pouuez pas auecque bien seance
Coucher prés de sa fille.

IODELET.

Ho! chere Beatris,
Sçay-tu bien que pour toy ie suis d'amour épris,
De tout temps ie me trouue enclin aux Beatrisses,
Pour toy ie couue vn feu plus chaud que des épices.

BEATRIS.

Moy, j'ayme de tout temps les Seigneurs D. Iuãs,
Et ie sentis mon mal quand vous vinstes ceans.

IODELET.

Follette, Dieu me sauue....

BEATRIS.

Ha, prenez-la donc viste.

IODELET.

Mais vien donc me mener jusqu'à ce nouueau giste.

BEATRIS.

Tarare, suiuez-moy, j'y vay tout de ce pas.

IODELET.

Larronnesse des cœurs, tu n'échaperas pas:
Las, faut-il donc pour vous que nostre poitrine arde,
Si vous n'estes pour nous qu'vne Nymphe fuyarde?

SCENE IV.

ISABELLE, BEATRIS.

ISABELLE.

QVoy, Seigneur D. Iuan, vous courez Beatris?

IODELET.

Ie voulois tant soit peu m'ébaudir les esprits.

ISABELLE.

Ie ne vous croyois pas de si peu de courage.

IODELET.

Ce sont jeux de garçon qui passent auec l'âge.

ISABELLE.

Vous donnerez de vous mauuaise opinion,
Et ie dois bien douter de vostre affection.

IODELET.

Allez-vous-en filler, nostre épouse future,
Plus grand Dame que vous est Madame Nature,
Ie suis son seruiteur, & le fus de tout temps,
Et nargue pour tous ceux qui n'en sont pas contens.

ISABELLE.

Ie vay donc vous laisser de peur de vous déplaire.

IODELET.

Objet charmant & beau, vous ne sçauriez mieux faire,
Ma foy ie m'y suis pris de mauuaise façon,
Car ie sçais que son cœur ne fut iamais glaçon.
Aristote a raison, qui dit qu'vne maraude
Ne se doit point prier, mais il faut à la chaude

La griper aux cheueux, la saisir au collet,
Quelquefois l'affoiblir auec vn beau souflet:
Si souflet ne suffit, vser de la gourmade,
Si la gourmade est peu, lors de la bâtonnade,
Tout homme de bon sens doit, ce dit-il, vser
Pour la mettre en estat de ne rien refuser:
Mais autre censeur vient, de mes censeurs le pire.

SCENE V.

D. FERNAND, IODELET.

DOM FERNAND.

IE vous cherche par tout, Dom Iuan.

IODELET.

Que desire
L'équitable Fernand de son humble valet?

DOM FERNAND.

N'auez-vous rien appris de vostre Iodelet?

IODELET.

Non, mais deuant la nuit ie le verray possible.

DOM FERNAND.

C'est pour vous proposer chose assez mal plausible.

IODELET.

Quelle est donc cette chose?

DOM FERNAND.

Il faut absolument,
(Pensez bien, qu'à regret.)

IODELET.

Que faut-il? vistement.

DOM

DOM FERNAND.

Aller à la campagne.

IODELET.

Est-ce tout ? que m'importe?

DOM FERNAND.

Ouy, mais c'est pour vous battre.

IODELET.

Ha, non en cette sorte,
Il m'importe beaucoup, mais si sans resister
Ie veux vous obeyr, à quoy bon m'irriter?

DOM FERNAND.

Parce qu'on vous a fait vne offense mortelle.

IODELET.

Dom Fernand, vous montrez icy peu de cervelle,
Il faut que vous soyez certes vn Maistre fou.

DOM FERNAND.

Courage, Dom Iuan, mais puis-je sçauoir d'où
Vous pouuez inferer que ie ne sois pas sage?

IODELET.

De venir sottement m'auertir d'vn outrage
Que ie ne sçauois point, & ne voulois sçauoir.

DOM FERNAND.

Apprenez en cela que i'ay fait mon deuoir,
Et que si vous voulez-vous acquiter du vostre,
Il faut, sans vous seruir de la valeur d'vn autre,
Aujourd'huy, s'il se peut, voir l'épée à la main
Celuy qu'on sçait auoir tué vostre germain,
Il le tua la nuit, soit hazard, soit vaillance,
Vous deuez vistement en faire la vengeance.

IODELET.

Fut-ce la nuit?

DOM FERNAND.

La nuit.

IODELET.

Se batte qui voudra,
Puis que sans voir il tuë alors qu'il me verra,
Que pourrois-je durer contre vn tel Matamore,
Et de plus, voulez-vous que ie vous die encore
L'auantage qu'auroit ce dangereux garçon ?
C'est que cét enragé sçait déja la façon
Dont il faut dépescher ceux de nostre lignage.

DOM FERNAND.

Pensez-vous, Dom Iuan, auoir bien du courage ?

IODELET.

Ouy-da, j'en ay beaucoup, & n'en ay que du bon,
Dites-moy seulement où le trouuera-t'on?
Est-il bien loin d'icy ? se fera-t'il attendre?
Sçauez-vous son logis ? le pourra-t'on apprendre?
Et son nom quel est-il ?

DOM FERNAND.

Dom Loüis de Rochas.

IODELET.

Quoy, c'est vostre Neveu? ie ne me bats donc pas,
Puis qu'il a vostre nom qui m'est si venerable,
Cette qualité m'est assez considerable
Pour me mettre à ses pieds où ie le trouueray,
Et si vous le voulez, mesme ie l'aymeray.

DOM FERNAND.

Ce n'est pas tout encor, vne seconde offence
Vous deuroit contre luy porter à la vengeance,
Vostre sœur a sujet de s'en plaindre bien fort.

IODELET.

Ie veux qu'en offençant ma sœur il ait eu tort,
Mais ie suis de sermēt, & n'en déplaise aux Dames,
De ne prendre jamais querelle pour des femmes.

DOM FERNAND.

Vous estes vn poltron, ou ie me trompe bien.

IODELET.

Au Beau-pere cela ne doit toucher en rien.

DOM FERNAND.

Aprenez neantmoins que tout cecy me touche.

IODELET.

Beau-pere trop nargneux, beau-pere trop farouche,
Beau-pere assassinant, & beau-pere éternel,
Qui me viens proposer vn acte criminel,
Que vous a déja fait vn miserable gendre,
Que vous tâchez déja de voir son sang répandre?
Monseigneur Belzebut, qui vous puisse emporter,
Vous auroit-il chargé de me venir tenter,
Si le danger n'estoit que d'vn simple homicide?
Mais vous voulez sur moy voir faire vn gendricide,
Et le faire deuant la consommation,
Est certes, Dom Fernand, tres-cruelle action.

DOM FERNAND.

Vostre Valet tantost a donné sa parole
De se battre pour vous.

IODELET.

Qu'il la tienne, le drosle,
Ie ne suis point jaloux de le voir plein de cœur.

DOM FERNAND.

Vous ne vous battez point pour frere ny pour sœur?

IODELET.

Il faut étre en humeur pour se battre, & ie meure,
Si j'y fus jamais moins que j'y suis à cette heure.

DOM FERNAND.

Ie vous croyois vaillant, ie me suis bien trompé.

IODELET.

Quand d'vn glaiue trenchant ie seray decoupé,

Qu'en ſera mieux ma ſœur ? qu'en ſera mieux mon frere? (pere.
Laiſſe-moy donc en paix, homme ſinge, ou beau-
DOM FERNAND.
Vous n'auez qu'à chercher autre femme à Ma-
IODELET. (drid.
Que vous euſſiez aimé pour voſtre gendre vn Cid,
Qui vous euſt aſſommé, puis épouſé Chimene ?
DOM FERNAND.
N'attẽdez plus de moy que mépris & que haine,
O le plus grand poltron qui jamais ait eſté !
IODELET.
Ie ſuis, ô Dom Fernand, de voſtre cruauté,
Malgré vos noires dents, Seruiteur tres-fidelle,
Et ie le ſuis auſſi de Madame Iſabelle.
DOM FERNAND.
Ie ne ſuis point le voſtre, & hors de ma maiſon
Ie vous forcerois bien à me faire raiſon.

SCENE VI.

D. IVAN, D. FERNAND, IODELET.

DOM IVAN. (en colere?
QV'auez-vous, Dom Fernand, qui vous met
DOM FERNAND.
Ce gendre mal choiſi.
IODELET.
Parlez mieux, mon beau-pere.

DOM FERNAND.

Esloignons-nous de luy, ce gendre donc maudit
Vous desauouë en tout, & m'a nettement dit
Qu'il nestoit point d'auis de venger son offence,
Et qu'il ne fut iamais enclin à la vengeance;
Mesme il m'a quasi dit, qu'il a perdu le cœur,
Faites-luy reuenir, sauuez luy son honneur,
Trop fidelle valet d'vn trop timide maistre,
Montrez-luy viuement, quel homme il deuoit
estre,
Qu'estant de Dom Loüis doublement outragé,
C'est l'auoir bien seruy que l'auoir engagé,
Quoy que son ennemy, soit homme redoutable,
Que cette offence aussi n'est guere suportable:
Montrez-vous bon amy, montrez-vous bon valet,
Inspirez-luy de cœur, valeureux Iodelet:
Ie sçay bien qu'en cecy i'ay quelque part à pren-
dre, (prendre,
Mais touchant mon deuoir on ne peut rien m'ap-
Si j'estois offencé comme luy doublement,
On verroit Dom Fernand agir tout autrement,
Enfin n'oubliez rien afin qu'il s'éuertuë,
Son ennemy l'attend au bout de cette ruë,
Qui s'imaginera qu'on le redoute fort.
Ie m'en vay le trouuer.

DOM IVAN.

Mais de quel autre tort
Mon maistre, Dom Iuan, doit-il tirer vengeance?

DOM FERNAND.

Il vous apprendra tout, le voicy qui s'auance.

DOM IVAN.

Or ça, mon Iodelet, dy-moy sans rien changer,
Quels outrages nouueaux auons-nous à venger?

SCENE VII.

IODELET, DOM IVAN.

IODELET.

S'En eſt-il allé donc !

DOM IVAN.

Ouy.

IODELET.

Tant mieux, que ie meure
S'il ne m'a quaſi fait enrager tout à l'heure.
Seigneur, il n'eſt plus temps de ſe plus déguiſer,
Le faire plus long-temps ce ſeroit niaiſer,
Dom Loüis en feroit vne piece pour rire.
Mais l'auez-vous pour moy deffié ?

DOM IVAN.

Sans luy dire
Que j'eſtois Dom Iuan, ouy, ie l'ay deffié,
Et ma foy ie m'eſtois toûjours bien deffié
Que ce jeune galand cajoloit Iſabelle :
Enfin ie l'ay trouué tantoſt caché chez elle ;
Et ſans vn accident que ie te dois celer,
Nous nous fuſſions battus au lieu de quereller,
Et ie n'ay ſeulement l'affaire differée,
Qu'attendant que ie voye vn peu mieux auerée
Vne choſe qui n'eſt encore en mon eſprit
Qu'vn ſujet de ſoupçon, de rage & de dépit :
Car enfin ce peut eſtre vn coup de temeraire,
Vn tour de Beatris, que l'argent a fait faire,

Puis j'ay quelques raisons pour croire asseurément
Qu'Isabelle en cecy ne trompe nullement.

IODELET.

Monsieur, ce n'est pas tout que vostre jalousie,
Autre chose vous doit broüiller la fantaisie,
Dom Loüis en l'honneur vous offense bien fort,
De vous expliquer mieux la chose j'aurois tort,
Elle ne peut quasi s'entendre ny se dire, (pire.
L'vn & l'autre l'augmente, & la rend toûjours

DOM IVAN.

Ah! ne me la dy point, ie la deuine assez;
Mais que tous mes malheurs & presens & passez
Se bandent contre moy, j'ay pour moy bon courage,
Et qui le sçait encor?

IODELET.

Tout le monde.

DOM IVAN.

Ha! j'enrage.
Ha, maintenant fureur ie m'abandonne à vous,
Et Dom Fernand est-il pour nous, ou contre nous?

IODELET. (tre

D. Loüis est son sang, mais pour l'honneur du vô-
Il fait ce qu'on ne fit jamais pour pas vn autre,
Il veut que Dom Loüis vous en fasse raison,
Et Dom Loüis m'attend prés de cette maison,
Qui me croit Dom Iuan.

DOM IVAN.

Il faut que ie le tuë,
Mais on est bien souuent separé dans la ruë,
Les combats de paué sont moins guerre que paix,
C'est à quoy ie ne puis me resoudre jamais,
I'hazarde ma vengeance allant à la campagne,
On n'y fait quasi plus de combat en Espagne,

Qu'on ne conte la chose autremẽt qu'elle n'est,
Et ce lieu de combat moins que l'autre me plaist ;
Si dans quelque maisõ, quoy que cõtre la mode...

IODELET.

Attendez, ie vous trouue vne place commode,
Ie tiens icy la clef d'vn bas appartement,
Où nous deuons coucher ; là tres-commodement
Vous vous pourrez venger presqu'aux yeux d'Isabelle,
Sans qu'il en soit rien sçeu que de son pere ou (d'elle.

DOM IVAN.

Ha! mon cher Iodelet, que tu l'as bien choisi,
Va viste le trouuer.

IODELET.

Mais plûtost allez-y,
Il est temps ou jamais qu'on sçache qui vous estes,
Cõment pretendez-vous faire ce que vous faites,
Et passer pour valet ? allez, allez, Seigneur,
Vous découvrir, vous battre, & venger vostre honneur.

DOM IVAN.

Quoy ! si par vn effet de pure jalousie,
Pour vn simple soupçon né dans ma faintaisie,
I'ay déguisé mon nom, veux-tu pour vn affront,
De qui le moindre mal est de rougir mon front,
Que ie m'aille montrer ? ah, plûtost ie te prie,
Si tu n'ayme mieux voir Dom Iuan en furie,
Souffre encore mon nom qui ne t'offense en rien :
Vne offense est bien pire, & ie la souffre bien.

IODELET.

Vous me l'ordonnez donc?

DOM IVAN.

Mesme ie t'en conjure.

IODELET.

Il vous faut obeïr : mais si par auanture,
Comme les hommes sont souuent impatiens,
Il vouloit dégainer deuant qu'estre ceans,
Que fera Iodelet qui n'ayme point la guerre,
Et qui se plaist bien fort au sejour de la terre?

DOM IVAN.

Fay-luy signe de loin, il ne manquera pas
De te venir trouuer : & toy d'vn mesme pas
Tu me l'ameneras en cette chambre basse.

IODELET.

Autre difficulté mon esprit embarasse.
S'il est court de visiere?

DOM IVAN.

Ha! c'est trop discourir,
Ne me replique plus, & me le vas querir.

IODELET.

Ce dur cõmandement terriblement me choque,
Mais, Seigneur, gardez-vous sur tout de l'équiuo-
que,
Discernez Iodelet d'auecque Dom Loüis,
On a souuent les yeux de colere ébloüis,
Et si sans y penser deuant Dom Loüis j'entre,
Et que sans y penser vous me perciez le ventre,
Me disant, Iodelet, ma foy j'en suis marry,
Ie seray tout à l'heure & content & guery.

Fin du quatriéme Acte.

ACTE V.

SCENE PREMIERE.

BEATRIS *entre par vne petite porte vne chandelle à la main.*

PLeurez, pleurez mes yeux, l'honneur
vous le commande,
S'il vous reste des pleurs, donnez-m'en,
j'en demande.
Ie viens d'allumer ma chandelle,
La nuit noire comme du geais
Vient d'arriuer pompeuse & belle
Plus que ie ne la vy jamais;
De ses Demoiselles suiuantes
Les estoilles estincelantes
Elle traîne vn brillant troupeau;
Que ses seruantes sont heureuses,
Si d'vn valet qui se croit beau
Elles ne sont point amoureuses.
Pleurez, pleurez, &c.
Estoilles luisantes & nettes,
Si vous en aymiez comme moy,
Toutes celestes que vous estes
Vous enrageriez sur ma foy,
Tantost ce Grenadin, ce More
Comme du feu qui me deuore

Ie luy contois la cruauté,
M'a dit que ie ne valois gueres,
Et qu'il estoit bien fort tenté
De me donner les étriuieres.
Pleurez, pleurez, &c.
D'écus vne assez bonne somme
Deuant luy ie faisois sonner,
Et luy faisois assez voir comme
Moy qui prens, ie luy veux donner:
Aussi-tost cette ame rebourse
M'a donné de ma mesme bourse
Vn si grand coup dessus le cou,
Que ie m'en sens toute échinée:
O que pour aymer vn tel fou
Il faut que ie sois forcenée!
Pleurez, pleurez, &c.
S'il plaisoit à la destinée
Qu'il fust l'importun à son tour,
Et Beatris l'importunée,
Alors à beau jeu beau retour,
Encore aurois-je quelque joye;
Mais helas! jusques dans le foye
Il me brûle, le faux larron,
Et s'en rit, l'impitoyable homme,
Aussi fort qu'autrefois Neron
Rioit alors qu'il brûloit Rome.
Pleurez, pleurez, &c.
Et cependant mon mal me presse;
Mais quelqu'vn vient par l'escalier,
C'est Isabelle ma maistresse,
Reprenons nostre chandelier:
Que si quelqu'vn de l'assistance
Trouue qu'à moy n'appartient stance,
Qu'il sçache que l'Auteur discret

Qui sçait fort bien que le colloque
Est dangereux pour le secret,
M'a regalé d'vn soliloque.
Pleurez, pleurez mes yeux, &c.

SCENE II.

ISABELLE, BEATRIS, LVCRESSE.

ISABELLE.

MAdame Beatris, que faites-vous icy?

BEATRIS.

Ie prepare vne chambre à vostre Amant transi.
Et vous, d'où venez-vous, & Madame Lucresse?

ISABELLE.

Ie viens de me donner en proye à la tristesse.

LVCRESSE.

Madame, ie vous dis pour la seconde fois,
Quand on auroit remis la chose à vostre chois,
Vous ne pouuiez choisir en toute la Castille
Vn plus digne mary d'vne excellente fille:
Alors que Dom Iuan vous sera mieux connu,
Vous me confesserez que ie vous ay tenu
Vn discours veritable.

ISABELLE.

Et moy ie vous asseure
Lors que si richement vous faites sa peinture,
Qu'il faut que de nous deux quelqu'vne resve biẽ,
Vous, de le croire tel; moy, de n'en croire rien,

Helas! à vous, sa sœur, l'oserois-je bien dire?
Il semble qu'il ne songe à rien qu'à faire rire,
Toûjours dans l'action d'vn homme extrauagant,
Soit par accoûtumance, ou soit par accident,
Parlant toûjours du nez, & de plus il affecte
La façon de parler toûjours la moins correcte,
Toûjours quelque mot goinfre est dans tous ses
discours:
Et ie pourrois passer heureusement mes iours
Auec vn tel Espoux? ah, fille malheureuse!
Encor si ie pouuois estre Religieuse:
Mais helas! ie me sens pour la Religion,
Et pour ce braue Espoux, pareille auersion.

BEATRIS.

Finissez, finissez vostre querimonie,
Et gagnons l'escalier, & sans ceremonie,
Quelqu'vn ouure la porte, & l'on vous surprendra,
Quant à moy ie m'enfuis, me suiue qui voudra.

SCENE III.

D. IVAN, IODELET, D. LOVIS.

DOM IVAN *ouure la porte & en oste la clef.*

LAissons la porte ouuerte, & gagnons cét Alcoue,
Ie les entens venir.

IODELET.

Mon Maistre, Dieu me sauue,

Ne fut jamais qu'vn traistre, il s'en est en allé :
Helas ! i'en ay le sang quasi tout congelé,
Et qui l'eust jamais crû, peste, il ferme la porte,
Que deuiendray-je donc ?

DOM LOVIS.

Nous pouuons de la sorte
Nous battre tout le saoul, si le cœur vous en dit.

IODELET.

Vous me pardonnerez, ie n'ay point d'appetit.

DOM LOVIS.

Que differez-vous donc à venger vostre outrage ?
Ie crains vostre raison moins que vostre courage:
Vous ne me dites mot, & bien qu'attendons-nous!
Ha ! vrayment si j'estois offencé comme vous,
Ie vous montrerois bien vne autre impatience.

IODELET.

Mon Maistre asseurément n'a point de cõscience.

DOM LOVIS.

Que diable cherchez-vous ?

IODELET.

Ie cherche ma valeur.

DOM LOVIS.

Apres auoir tantost montré tant de chaleur,
Vous estes maintenant, ce me sẽble, vn peu tiede,
Mais pour vous réchauffer ie tiẽs vn bon remede.

IODELET.

Ha, bon Dieu ! quelle longue épée à giboyer,
Et qui peut seulement la voir sans s'effrayer !

DOM LOVIS.

Dom Iuan est poltron, ou fait semblant de l'estre.

IODELET.

Le Seigneur soit loüé, ie viens de voir mon Maistre,
Ie n'ay plus maintenant qu'à faire le fougueux,
Ma colere est tantost au point où ie la veux:

Si tost qu'elle y sera vous verrez faire rage :
Ha ! Seigneur, sortez donc, manquez-vous de courage ?

DOM IVAN.

Va donc pour l'amuser te battre en reculant.

IODELET *pousse une estocade sans estre en mesure.*

Dieu veüille estre auec nous,

DOM LOVIS.

L'effort est violent.
Vous vous battez fort bien.

IODELET.

Assez bien : ha, que n'ay-je
Contre les coups d'estoc quelque bon sortilege :
Attendez, ah, mon Maistre, ah, c'est trop me presser,
Mon épée est faussée, il la faut redresser.
N'auez-vous pas tüé mon frere sans lumiere ?

DOM LOVIS

Ouy.

IODELET.

Pour vous témoigner que ie ne vous crains guere,
Ie ne veux point auoir d'auantage sur vous,
Ie veux sans voir, vous battre, & vous roüer de coups.
Meurs donc, chandelle, meurs, & nous laisse en (tenebres,
Et vous, allez finir vos passe-temps funebres.
Pour moy qui suis exact en ce que ie promets,
Ie veux estre pendu si l'on m'y prend jamais.

DOM LOVIS.

C'est dans l'obscurité que la lumiere est belle,
Vous ne vous battiez pas si bien à la chandelle,
Et vous m'auez blessé, mais ie m'en vengeray.

SCENE IV.

D. FERNAND, D. LOVIS, IODELET, D. IVAN.

DOM FERNAND.

BEatris.

DOM IVAN.

Sors, sors viste, ou ie t'étrangleray.

DOM FERNAND.

Qu'est-ce-cy mes amis?

IODELET.

Ie venge mon offence.

DOM LOVIS.

On m'a tiré du sang, j'en veux tirer vengeance.

DOM FERNAND.

Est-ce d'vne estocade, ou d'vn estramaçon?

IODELET.

L'vn & l'autre, ma foy, n'est pas de ma façon.

DOM FERNAND.

Montrez-moy, vous auez la main vn peu coupée.

IODELET.

La sale vision que de voir vne épée!

DOM FERNAND.

Allons, mes chers amis, battez-vous hardiment,
Ie ne parois icy pour la paix nullement.
L'vn de qui l'honneur souffre est pour estre mon gendre,
Et l'autre est mon parent qui voit son sang répandre:

Battez-vous donc, Amis,& bien fort, vous ſerez
Bien pluſtoſt animez par moy, que ſeparez.

DOM LOVIS.

Voſtre conſeil eſt trop d'vn homme de courage,
Pour n'eſtre pas ſuiuy.

IODELET.

De tout mon cœur j'enrage,
Ha, le méchant vieillard, qui conſeille vn düel!

DOM LOVIS.

La colere me rend inſolent & cruel,
I'ay trompé voſtre ſœur, i'ay tué voſtre frere,
Ie le ferois encor ſi ie l'auois à faire,
Il ne me reſte plus qu'à vous tüer auſſi.

DOM IVAN *ſortant de l'Alcoue.*

Vous ne connoiſſez pas Dom Iuan, le voicy,
Vous trõpaſtes ma ſœur, vous tüaſtes mon frere,
Mais bien-toſt voſtre mort s'en va me ſatisfaire,
C'eſt au vray Dom Iuan qu'appartient ſeulement
De venger ſon honneur offenſé doublement.

DOM LOVIS.

Quel eſt donc de vos deux Dom Iuan?

DOM IVAN.

C'eſt moy-meſme.

DOM LOVIS.

Et luy?

IODELET.

Ie ne le ſuis qu'en cas de ſtratagême.

DOM IVAN.

Ouy, ie ſuis Dom Iuan qui vous vient de bleſſer,
Si ie l'ay fait ſans voir, vous pouuez bien penſer
Qu'à moy venger ma honte eſt choſe fort aiſée,
Maintenant que ie voy celuy qui l'a cauſée,
Tandis que mon eſprit a ſeulement douté,
I'ay voulu m'éclaircir, & n'ay rien attenté,

Sous le nom d'vn valet i'ay souffert mon offenſe,
Tandis qu'vn ſeul ſoupçon m'en demandoit vengeance,
Vous qui me l'auez faite, & l'oſez declarer,
Vous me croyez peut-eſtre vn homme à l'endurer?
Ie n'ay pour le ſçauoir de ſcience certaine
Oublié iuſqu'icy ny fineſſe ny peine:
Enfin mon deshonneur ne m'eſt que trop connu,
Vous ſçauez, Dom Loüis, à quoy ie ſuis tenu,
Pour mon ſang répandu, i'ay répandu du voſtre,
Mais deux autres ſujets m'en demandent bien d'autre.
Ie ne puis viure heureux ſans vous faire mourir,
Pour cela ſeulement i'ay dû me découurir,
Ie ſuis donc Dom Iuan, que perſonne n'en doute.

DOM LOVIS.

Croyez-vous à ce nom que plus on vous redoute?

DOM IVAN.

Et croyez-vous auſſi me donner le trépas,
Vous ne tüez qu'alors que l'on ne vous voit pas:
Mais puis que ie vous voy, qui vous pourra, barbare,
Garantir de la mort que ma main vous prepare?
Quand ie vous aurois tous icy pour ennemis,
Ie veux qu'on tienne icy tout ce qu'on a promis,
L'on m'a promis ma ſœur, il faut qu'on l'effectuë.
Ie luy doy voſtre mort, il faut que ie vous tuë,
Voyez ſi Dom Iuan tient bien ce qu'il promet,
Soit qu'il paroiſſe en Maiſtre, ou ſe cache en valet:
Dom Fernand tenez donc la parole donnée,
Commandez que ma ſœur me ſoit viſte amenée,
Et vous, le plus mortel de tous mes ennemis,
Battez-vous contre moy, vous me l'auez promis.

DOM FERNAND.

Ha, Seigneur Dom Iuan, vn peu de patience!

DOM IVAN.

Pour en auoir eu trop i'ay manqué ma vengeance.

DOM FERNAND.

Pourquoy vous estes-vous déguisé parmy nous?

DOM IVAN.

I'estois jaloux.

DOM FERNAND.

De qui?

DOM IVAN.

De luy.

DOM LOVIS.

De moy?

DOM IVAN.

De vous.

Ie vous ay veu sortir du Balcon d'Isabelle.

DOM LOVIS.

Vous m'en vistes sortir?

DOM IVAN.

Vous mesme, & puis chez elle
Ie vous ay veu caché, mais ces jaloux soupçons
Ne rallentirent point mon feu de leurs glaçons,
Au contraire il s'accrut auecque violence;
Lors ie me déguisay, ie garday le silence,
Et ne fus pas long-temps sans rencontrer en vous
Vn Riual dont j'auois sujet d'estre jaloux:
Vous n'excitiez alors que ma simple colere,
Et n'eusse jamais crû que la mort de mon frere
Dûst se trouuer encor vn coup de vostre main,
Ie vous croyois coquet, & non pas inhumain;
Enfin i'ay sçeu depuis qu'vne mortelle offense
Me deuoit contre vous porter à la vangeance,
I'ay crû que vous estiez coupable enuers ma sœur,
I'ay crû que vous estiez son lâche rauisseur.

Lors par ressentiment plus que par jalousie,
La fureur contre vous m'auoit l'ame saisie :
I'ay bien-tost préferé, pour vous priuer du jour,
Les soins de mon honneur à ceux de mon amour.
Quand on souffre en l'honneur, l'amour ne tou-
che guere,
Maintenant que ie voy que de mon pauure frere,
Que vous auez tüé la nuit trop lâchement,
Vous m'osez reprocher la mort insolemment,
Que pour vous contre moy le Ciel auec la Terre,
Et tout le genre humain, me déclare la guerre.
Malgré le Ciel, la Terre, & tout le genre humain,
Il faut que vous mouriez aujourd'huy par ma
main.

DOM LOVIS.

Ceux qui me connoîtront sçauront bien que la
craiute (te,
N'est pas ce qui me fait approuuer vostre plain-
Quand vous me reprochez que vostre frere est
mort, (tort,
La raison est pour vous, & moy j'ay toûjours
Mais ie deurois plûtost estre par cette offence
Vn objet de pitié, qu'vn objet de vengeance :
Helas, ie le tüay, mais comment, & pourquoy ?
Et quand ie le sçeus mort, qui pleura plus que
moy ?
Il m'attaqua la nuit, & moy sans le connoître
Ie crû, l'ayant tüé, n'auoir tüé qu'vn traître :
Malheureux que ie suis, j'auois tüé sans voir,
Le plus intime amy que ie croyois auoir,
Ouy, ie l'aymois autãt qu'on peut aymer vn autre.
Puis qu'il fut mon amy, pour deuenir le vostre,
Ie donnerois mon sang, ie donnerois mon cœur,
Et ce discours n'est point vn effet de ma peur,

DOM IVAN.

Outre qu'vn genereux facilement pardonne,
Cette seule raison sans doute est assez bonne,
Ie veux que vous l'ayez tüé sans y penser,
Et que vous n'ayez eu dessein de m'offencer.
Mais vous ne vous lauez icy que d'vne offence,
Et ma sœur contre vous me demande vengeance:
Et puis que son honneur à mon honneur est joint,
Je seray sans honneur si ma sœur n'en a point;
En l'humeur où ie suis, ie n'ay pas grande enuie,
Si vous m'ostez l'honneur, de vous laisser la vie.

DOM LOVIS.

Ie pourrois bien encor, épousant vostre sœur,
Et vous rendre content, & vous rendre l'honneur,
Vous n'auriez plus sujet d'en vouloir à ma vie,
Et ie n'en aurois plus de vous porter enuie,
Quoy que ie visse à vous, auec tous ses appas,
Celle que i'aymay bien, mais qui ne m'ayma pas.
C'est de vous que ie parle, ô trop sage Isabelle,
Qui ne fûtes jamais enuers moy que cruelle,
Dom Iuan quittez donc tous vos jaloux soupçons,
Que le feu de l'amour en fonde les glaçons,
Ne soyez plus atteint de cette frenesie,
Ny moy l'objet fâcheux de cette jalousie.
Il est vray, Beatris m'a deux fois introduit
Dans sa chambre le iour, dans son Balcon la nuit,
Mais sur ma foy bien loin d'estre de la partie,
De me l'auoir promis, ou d'en estre auertie,
Si-tost qu'elle le sçeut, elle l'en querella,
Et Beatris pensa s'en aller pour cela.

DOM FERNAND.

Mon Neveu ne dit rien qui ne soit veritable,
Et si, cher Dom Iuan, vous estes raisonnable,

Vous ne fermerez plus l'oreille à la raison :
Chassons donc le tumulte hors de cette maison,
Et faisons-y rentrer la joye & l'hymenée :
Çà viste, que Lucresse soit icy amenée,
Et ma fille Isabelle, ah ! ie les voy venir,
Venez, venez tâcher de les bien reünir:
Que ie devray d'encens à la bonté diuine,
Puis qu'elle fait finir cette guerre intestine,
Que ie me sẽs heureux, & vous, mes chers enfans,
Tant pour vostre repos que celuy de mes ans !
Deuenez bons amis, embrassez-vous ensemble,
Et qu'vne bonne paix à jamais vous assemble.

DOM IVAN.

Ie ne resiste plus, ie suy vostre conseil.

DOM LOVIS.

Le plaisir que i'en sens n'eut jamais de pareil.

SCENE V.

LVCRESSE, ISABELLE, IODELET, D. IVAN, D. LOVIS, D. FERNAND.

LVCRESSE.

O Ma chere Isabelle !

ISABELLE.

O ma chere Lucresse !

LVCRESSE.

Que nous auons de joye apres tant de tristesse!

Et bien auois-je tort lors que vous vous plaigniez,
D'asseurer qu'il n'estoit pas tel que vous disiez ?

IODELET.

Ie n'ay donc qu'à quitter mon habit de parade,
Puis que ie ne suis plus Dom Iuan d'Aluarade.

DOM IVAN.

Non non, cher Iodelet, gardez tous vos bijous,
Ils vous parent trop bien pour n'estre pas à vous.

DOM LOVIS.

Vous dont l'amitié m'est vn don inestimable,
Receuez de ma main cette fille adorable.

DOM IVAN.

Vous que ie haïssois tantost de tout mon cœur,
Sçachez que ie suis vostre, aussi bien que ma sœur.

DOM FERNAND.

Allons mes chers enfans, finir cette iournée,
Par l'accomplissement de ce double hymenée.

IODELET.

Ma foy, vous n'estes pas encor où vous pensez,
Et les discords icy ne sont pas tous passez,
Il me faut vn Portrait que retient Isabelle,
Qui pend à deux rubans au fonds de sa ruelle :
Moy qui ne sçay si c'est ou pour bien, ou pour mal,
Qu'elle garde vn Portrait, perdant l'original,
Ie veux qu'on me le rende, ou bien la Comedie
Par moy, Dom Iodelet, deuiendra Tragedie,
Ouy, ie la veux auoir, cette Idole de prix,
Pour en fauoriser ma chere Beatris.

FIN.

www.ingramcontent.com/pod-product-compliance
Lightning Source LLC
LaVergne TN
LVHW010615110826
845149LV00003B/919
9782011860545